JN410673

# 시공時空의 경계를 넘나들며

# 시공時空의
# 경계를 넘나들며

박 석 현 시선집

세종출판사

# 시인의 말

정년퇴임 6개월을 남겨 두고, 퇴임하면 혼자 할 수 있는 일이 무엇일까 고민하던 중, 교지를 맡은 J선생님의 권유로 시단 말석에 이름을 올려 벌써 시집 6권을 냈다.

이제 시선집詩選集으로 한 매듭짓고, 맑고 그윽한 심성의 바다를 건너고자 시련을 맞이할 일이 두렵고 설렌다.

영혼의 불꽃을 피울 여력은 없지만 사는 날까지 아름다운 이 세상, 맑은 심상心想으로 살고 싶다.

2022년 여름에 국은

# 차례

## 제2부 은빛수첩

## 제3부 천상의 정원

## 제4부
## 낯선 길 위에서

# 제1부

# 별바위

## 귀항선歸港船

푸른 바다 격랑의 파도를 헤치며
파아란 하늘, 별빛을 이고
떠나간 배 기억 속에 가물거린다
선창가에 부딪치는 빗물이 가슴을 메이게 하고
폭풍우가 휘몰아치는 칼날 같은 날에도
만선의 꿈이 시련을 이길 수 있었다
자신에게 귀의하는 시퍼런 심줄은
뱃사람들의 믿음이고 신앙이 되어
서러운 가슴이 밀물처럼 조여 와도
파도는 여전히 출렁거렸다
이제는 모든 꿈 접어버리고 아청빛 바다의
연민을 뒤로하고 귀항 길에 올랐다
가슴 설레던 출항의 기쁨도
만선의 환희도
돌아서는 세월의 바람에
파도 철썩이는 모래밭에
남겨진 발자국처럼 지워져 간다
지는 해 붙잡지 않아도
내일은 또 해가 떠오를 것이다

# 꽃길

충청도 보은 구병아름마을 가는 길이
하도 아름다워
소풍객들 눈웃음이 하회탈 같다
길가에 핀 황금빛 금잔화
소담스런 백일홍
그 뒤에 하얗게 하늘거리는 억새
점잖게 서 있는 수수 꽃
그 바깥에 살며시 가을 색깔이 번지는
느티나무 가로수
속리면俗離面 이름대로 속세 떠난
그림 한 폭이 그려져 있다
충북의 알프스,
구병산 가는 길목에는
서원계곡, 삼가저수지 물빛도
가을 하늘 닮아가고
그 속에 사는 속리 사람들
마음까지 가을을 닮아 있다

# '나비'

바람소리 칼날같이 후려친다
몰아치는 태풍에 유리창이 비명을 지른다
저 지난 여름에는 '매미'소리가 요란하더니
올해는 '나비'*마저 활개를 친다

정말 '나비효과'가 만점이다

옛날에는 전신주에 걸린 바람소리가
이젠 아파트촌의 벽과 벽에 막혀
괴성을 지른다
수십 년 묵은 나무가 새싹처럼 꺾이고
네온사인 간판들이 낙엽처럼 뒹군다
성난 자연의 사자후獅子吼에 그 잘난
인간들이 맥을 못 춘다
뉴올리언스를 할퀴고 간 허리케인이
미국의 자만심을 여지없이 뭉개 버리고
일본, 한국쯤이야
'나비' 한 마리로 충분할 것이다

그래도 지은 죄를 모를까?

* '나비' : 2005년 여름에 분 태풍 이름.

## 꽃불

술잔을 기울이다 잠이 든 새벽
내 안의 성터 한켠
막심 고리키의 무덤가에 핀 통증의 꽃을 보며
세월의 아픔을 생각한다
이미, 떨어질 것은 다 떨어져갔다
그 하잘 것 없는 자존심도
시퍼런 정열도 사그라진 끝자락에
한이 서린 불씨를 묻고
하산 길에 들었다
아, 꿈 많던 선잠 먼동이 틀 때
고달픈 마음의 눈을 잠시 붙였네,
밤마다 슬픔이 찾아와 베갯잇을 적실 때마다
너는 눈물을 감춘 바위처럼
적막한 무게에 가위눌리었다
시련은 너를 잠들게 했고
시간은 그 의미를 깨우쳤다
다시 살아난 꽃불이었다

# 난 같은 사람

소심 향기
그대 마음 닮았나보다
언제 보아도
은은한 향내가 나니
깊은 계곡 바위틈에서 나는
난향이 아닐까
산천이
껍질을 몇 번이나 벗었는데
언제나 변함없는
그윽한 향훈香薰을 안겨주니
그대 난을 닮았나 보다
연륜이 쌓인
이끼 같이
암벽에 붙은 풍란 같이
청순한 향기
언제나
그 모습 그대로 이었으면

# 만남

잎새는
햇빛 만나
하늘로 반짝인다
애들이
엄마 만나 꽃망울이 되듯이

사랑이
미움으로 헤어지고
우정이
원수로 돌아서는 건
세상 탓일까

당신의 만남은 하늘 뜻인데

# 너무 심려하지 말아요

살다 보면 그런 날이 있지요
세찬 눈바람이 휘몰아친다고
삶이 끝나나요,
앙상한 나뭇가지에도
눈꽃이 피면
수많은 연인들
환희에 들뜨게 하는
그런 날이 있지요
봄이 얼어붙은
땅속으로부터 파고들 듯
우리의 사랑도
보이지 않는 곳에서
움이 트고 있을 걸요
남모르는 눈물이 맺혀

# 도요새의 운명

낙동강 천 삼 백리 유장한 물길 그 끝자락에
섬이 되지 못한 살아 있는 백합등*이 보인다
그 아래 파도에 몸을 뒤척이며 꿈틀거리는
도요등*이 웅크리고 있다
을숙도 쓰레기 냄새 넌더리 나
피해 온 도요새는
갯지렁이, 바닷게가 그리워 날아들지만
하굿둑 휘황한 불빛에
요즈음은 밤잠도 설친다
게다가 신호공단, 무지개공단
명지대교 개발 붐이
철새들의 보금자리를 홀대하니
먹이마저 모자라 힘이 부친다
머얼리 남쪽나라 날아 갈 힘이 없다
이러다가 길 잃은 철새 되어
슬피 울겠다

* 낙동강 하구, 유력이 약해져 실려 온 흙모래들이 바닷물에 밀려 퇴적된 섬이 되기 전 '등'이 생긴다. 대마등, 맹금머리등, 백합등, 도요등이 있다.

# 구공탄의 애환

하얀 이불을 덮고 있는 태백석탄박물관
천제단 아래
이미 수억 만 년 전 지질시대에
생성된 석탄을 채굴하던 모습
막장에서 천공을 뚫고 있는 눈들,
아낙이 싸 준 도시락을
시꺼먼 손으로 풀고 있는 눈물,
쇠구슬 치기하는 외로운 광산촌의 아이들
'갱내에서는 휘파람을 불지 않는다'
'쥐를 잡지 않는다'
'네 주걱 밥을 담지 않는다'
그 옛날 태백촌의 속신俗信을 읽으면서
관람객들 웃음 뒤에 머물고 있는
땀과 눈물과 죽음 앞에 선
구공탄의 애환을 본다

# 거창 신원 마을*

퉁기면 울릴 듯 햇살 투명한 가을 날
바람도 울고 간 여린 원혼들
이리도 메마른 하늘 아래 울고 있는가
천유문天羑門* 들어서는 소슬바람 따라
하늘거리는 그림자
소리 없이 낙엽 사이로
기인 사연들을 엮고 있네
아, 잔인하기 그지없는 바람소리
공포에 휩싸인
울부짖는 어린 양들의 울음소리
하늘도 무심했는가
감악산 지는 해가
돌아서는 발목을 잡는다

* 1951년 2월 거창양민학살사건 때의 영령들을 위로하기 위한 공원이 조성되어 있다.

* 천유문이란 영령들을 하늘로 인도한다는 뜻을 지닌 문이다.

## 아무도 말하지 않는다

내가 모른다는 것을 모른다
나는 남의 약점을 칼날 같이 비판 한다
나는 난체하며
자만심이 강하다
그런데
어느 날
숲길을 걷다 노자를 만나다
땅이 흔들리는 소리를 듣다
우주의 바람소리를 들려주다
내가 모르는 세상을 만나다
나는 왜 머리로만 생각하고
마음으로 보지 못했을까

## 바위

하늘이
무너지는
격정의 세월을
비정한 비바람, 눈보라 벗 삼아
굳게 버티었구나
찍히고
깨어진
비운을 가슴에 묻고
비통에 사무치는
세월 겹겹이
상채기 얼싸안고
눈물 삼키며 잘도 견뎠구나
그대
꺾일 수 없는 의지로
흔들릴 수 없는 지심地心으로
깊이깊이 뿌리내렸구나, 바위야

# 귀로歸路

살다가 걸어온 길
고달프다 느껴질 때
지나 온 길 되돌아본다
가파른 생의 계단
주름진 껍데기
구부러진 등을 펴며
먼 산 바라본다
아스라이 멀어진
지난날의 흔적들
저 산 허리에 묻어 두고
구름처럼 바람 따라
날아가고 싶다

# 별은 알고 있다

별은 사랑을 먹고 산다
별은 사랑하는 사람을 좋아 한다
사랑하는 사람에게
별이 속삭인다
그러나 사랑하는 사람은
별의 속삭임을 알지 못 한다
별은 그의 눈동자 속에
눈물이 되어 비친다
사랑하는 사람은
그의 눈물을 모른다
별의 눈물이 보일 때는
이미 사랑의 불꽃이 꺼진
훨씬 뒤의 일이다

# 아가의 꿈

아가는 예쁜 꽃이 되고 싶었다

채송화도 봉숭아도 빠알간 꽃잎을 입고 있었다
아가도 꽃 같은 예쁜 인형 옷을 입고 싶었다
아가는 밤마다 엄마 품에서 울었다
엄마는 아가의 꿈을 알고
보이지 않는 눈물을 흘렸다
이날부터 돼지저금통에 백 원짜리 동전을
한 닢씩 넣었다
꿈을 먹는 돼지다
나날이 다달이 되어 아가의 생일이 되었다
꿈을 먹는 돼지는
배가 불러 아가 앞에 다 토해 냈다
엄마는 그 것으로 예쁜 옷을 사왔다

아가는 인형 같은 옷을 입고 꽃이 되었다

# 작은 물방울이 좋아

작은 물방울이다, 아침 이슬이었다
작은 물방울은 구름이 되어
넓은 세상을 구경하고 싶었다
날이 밝자 떨리던 손을 펴고
태양과 더불어 하늘로 떠났다
사방은 훤하고 넓었다
낯선 세상에 자유의 몸이 되어
별도 만나고 폭풍도 만나고
하염없이 떠돌아 다녔다
그러다 어느 날 차가운 손님을 만나
천상에서 떠밀려 떨어졌다
예전에 놀던 풀잎에 머물렀다
밤이 오다, 별들이 속삭였다
'천상이 얼마나 아름다웠느냐'고
아니,
나는 잎새가 좋아
이슬이 되겠어,
작은 물방울이 더 좋아

## 제2부

# 은빛수첩

# 민들레의 소망

잔디가 짓밟히듯 나는 문드러져 삶이 익는다
어느 날 생명의 혼불이 꺼져 간다고 느낄 때
나는 노란 꽃잎을 피우고 노래한다
벌도 나비도 나는데 나도 날고 싶다고
밤마다 별빛에 기도한다
마침내 하얀 바람 옷을 갈아입고서는
허공으로 날아오른다
하늘은 낮아지고 봄은 깊어진다
나는 바람 따라 낯선 곳으로
긴 여행을 떠난다
하늘은 축복으로 하늘거리고
더 넓은 곳으로,
더 높은 곳을 향하여
내가 꿈꾸던 소망을 안고
멀리멀리 떠난다,
새 생명의 촉수를 세우고

# 별빛

별이 빛나는 언덕에
푸른 꿈을 꾸던 아이

당신이 빛이라면
나는 초록 숲이 되고 싶다

당신의 마음속에
내가 있다면

숲은 깨어나 다시
당신 안에 꿈꾸는 숲을 본다

## 반가사유상半跏思惟像

유리벽 속에 천년 고독이
누렇게 반가부좌하여
제행무상을 묵상하고 있는가
시간과 공간 표정이
천년이 흐른 뒤에도
매혹적인 미소로 심금을 울린다
로댕의 사내가 생각하는
어두운 고뇌 밖으로
본성의 사유와 명상으로
지긋이 내려 본다
미래 인간 교화를 떠맡아
지족知足의
유토피아를 꿈꾸고 있다

# 사색 A

가을바람에 방황하던 외로움이
낙엽으로 뒹군다
부질없는 미련에 놓지 못하는 끈
고독한 순간들이
겨울 가지에 걸려
바람결에 울고 있는 건
떠나지 못한 영혼의 갈망이
남아 있음인가
시간과 시간 사이
머물지 못하는 세월의 무게에
창백한 너의 모습
바위 같은 침묵으로
그리움을 삭이면
한 빛 서광이
너의 이마를 적셔줄까

# 우수의 강

언제부턴가 나도 모르게
안으로 먹구름이
그림자를 드리우고 있었다
파란 많은 생의 계단을
헐떡이며 오르다
때로는 강 언덕에 올라 울부짖는
황량한 악몽에 버둥거렸다
돌이킬 수 없는 짓눌린 꿈이
어두운 그림자에 갇혀
애처로이 흐느끼며 대지를 적셨다
아, 쓰디쓴 웃음으로
헐벗은 남루로 고독을 씹으며
망각의 강을 거닐고 있었다
저 우수의 강가에서
걸신들린 넋이 방황할까 봐
서글픈 노래로
망가진 넋을 달랬다

# 은빛 수섭

달빛, 바람도
오감으로 감지하지 못하고
세상이 까마득하게 보이던 그때
어둠에 갇혀 울먹이며
헛된 망상으로
세월을 갉아먹고
벌써, 허전한 백발을 날리며
저 산 너머
먼 하늘을 바라보고 있다
그늘진 곳에서 방황하던
쉴 곳 없는 마음 밭에
고개를 지우고 해가 저문다는 것
자신의 마음을 들여다본다는 것
허허롭다
한 생의 고독이 밀려온다

# 비가悲歌

찬바람이 골목을 돌아다니다
문틈으로 들어온다
사내는 불기 없는 골방에 누워
아무도 거들떠보지 않는 고서를 뒤적인다
감동도 희망도 없는
밤이면 가엾게도 죽은 자들이 잠을 깨우고
여느 때와 다름없이 사내는
아직도 자기가 걸어온 길이 눈에 밟혀
갈 곳 없는 벽장에 갇혀
새날을 갉아먹고
눈을 떠도 보이지 않는 허공의 손짓
스스로 만든 어둠 속에서
미친 듯이 소리치고 싶을 뿐,
이젠 안됐지만 철없이 마음 설레던
음치 노래라도 부르고 싶어 한다
황량한 추억을 묻고 황혼이면 어떠리
바람 부는 언덕에 올라
마음속에 간직해 오던 오래된 소망 하나
영원히 잠들기 전에
그 누구도 부르지 못한 자기의 노래를
뒤늦은 깨달음으로

# 부재중

그 무엇인가 보릿고개라든가
그때도 하늘은 거기 있었고
봄이면 재비들이
처마 밑에서 재재거리곤 했지
마당 귀퉁이에는
아쉬운 대로 살구꽃, 나팔꽃도 피고
삽짝엔 천리향도 향내를 피웠지
여름밤이면 어미소 따라 송아지도
지그시 눈을 감고 누워
깊은 모정을 되새김질하곤 했는데
모깃불 옆에는
동기들이 덕석 깔고 누워
아버지와 별똥별 보며
별 꿈을 꾸곤 했는데
세월 가고 구름 가고
그 하늘 밑엔 봄이 와도
이젠, 아무것도 없다
모두가 부재중이다

## 억새의 눈물

비낀 햇살에 반짝이는 물결
가을바람 소리
은은히 들린다
여름 내 달구어진
정열도
사랑도
하이얀 세월 속에
너울너울 흐른다
화려한 은물결도
남 몰래 흐느끼는
훠이 훠이
지는 세월의 눈물인 줄
억새는 모른다

# 바다 일기

침대에 누운 채 손을 뻗어 커튼을 걷는다
시선이 가는 곳을 따라 마음을 굴린다
검푸른 바다, 우울함 거룩함 같은 것
파도소리 출렁일 때마다
아득한 수평선이 밀려온다
불현 듯 하늘 바다가 황금빛으로
불수레가 소리 없이 굴러와
어둠을 밀치고
바다의 웃음소리가 들리기 시작한다
덩달아
눈부신 햇살을 밟으며
갯바람소리로만 열리는 노오란
금잔옥대수선화 길을 걷고 싶어 한다
결코 좌절할 수 없는 싹이 돋는다
순간 다려도*가 아름답게 다가온다
그 무엇이 꿈틀거린다

* 제주시 조천읍 북촌리 앞바다에 있는 섬.

# 지금 어디선가

지금 어디선가
바람소리 들린다
한 세상 인연의 꽃이 지고 있는가

지금 어디선가
낙엽소리 들린다
스산한 바람결에 신음하는 고달픈 소리

지금 어디선가
파도소리 들린다
파랗게 일렁이는 그리움의 소리

지금 어디선가
종소리 들린다
한 세월 사랑이 사무치는 소리

# 가을 풀밭에 누워

초록이 싱그럽던 어제가
풀벌레 소리에 울며 간다

청포도알을 굴리던 햇살이
가을바람에 여위어 가고

언젠가 앞서거니 뒤서거니
산길을 걷던 어머니와 아이는
하늘이 준 선물을
풀밭에 묻어두고
혼자서 하늘을 쳐다본다

하얀 산도라지 무덤가에
팔베개 베고 누워
까닭 없이
이슬방울 뚝 뚝
떨어뜨리고 있다

# 불타는 가을산

– 영취산에 올라

적막한 뭇부리에 여름 내 달구어진
대지의 열기가 잎새로 번져
불타는 가을산이 열락에 끓는다
수만의 불덩이와
수천의 갈망이 부딪혀
핏빛 선혈이 낭자하다
가슴 뜨거운 불꽃이
한세상 허망과 허상을 태운다
환희와 정열에 찬 영혼의 불꽃이
독존과 아집을 태운다
끈질긴 생명을 부여잡고

# 생각하는 정원思索之園*

널브러진 돌들이 손가락 피멍으로 쌓아져
오랜 세월 바닷바람에 구멍이 숭숭 뚫려 있다.
돌을 포옹하고 있는 나무뿌리에서
미묘한 아름다움을 잉태하고 있는
분재는 자연미인지, 인공미인지
터실터실한 아름드리 소나무 둥치는
가꾼 이의 몸통인가
매분梅盆은 붉다 못해 하얀 눈물방울
터뜨리며 겨울 나그네를 반기니,
'지상에서 제일 아름다운 정원' 임을
홍보하고 있는가
햇볕, 바람, 서리 맞으며 굵은 가지 실가지
이리 비뚤 저리 비뚤, 넓고 좁은 공간을
멋들어지게 유영하며, 오랜 세월 담금질한
고통의 끝이 영원으로 승화되니
신이 준 지혜인지
거친 돌밭에 평화스런 정원을 만든 이는
정원사인가, 예술가인가
이파리 하나 없는 나목에서
인간의 진실을 읽고 있는
창조자의 거룩함을 보고 심장이 뛴다

* 제주시 한경면에 있는 정원 이름.

# 이기대의 벼룻길을 걸으며

태백의 정기 맺힌 백산白山 끝
땅 끝으로 바닷길을 낸 광안대교
장산 황령산이 좌우에서 버티고
있는 품이 사내답다
매혹적인 바다의 물꽃들이 넘실거리는
벼룻길에 서서
바다의 에메랄드빛 장막을 헤치고
기분 좋게 나는
괭이갈매기들의 몽상적 언어로
내뱉는 울음소리
강태공들의 묵언적 행태보다 훨씬 시적이다
빛살에 소란스러운 이파리들 거친 숨결을 마시며
경쾌한 발소리 듣는다
혈관 속에 눌어붙은 찌꺼기들같이
재선충에 발갛게 지워져 가는
솔숲을 바라보며 때 묻은 도시의 심장
한 모금 막걸리로 씻는다,
오월의 햇빛처럼 맑게

# 도산서원을 찾아

가랑잎 날리는 시월의 끝자락에 안동 도계리 도산서원을 찾다.

16세기 조선의 성리학을 끌어올린 도산서당에 앉아 안동댐 맑은 물결을 바라보며 퇴계선생을 우러러다.

영지산靈芝山 동으로 뻗어 도산이 솟았다. 청량산淸凉山 맑은 정기가 흐르고, 낙동강 푸른 물결이 출렁이며 금빛 모래밭이 어우러지다. 시리도록 맑은 물에 갓끈을 씻던 탁영담濯纓潭이 그려진다.

평생을 두고
마음에 속이지 않는 것을
귀히 여겨
매화 국화 솔 대
벗 삼아
세상소리 멀리하다
벼랑에 홀로 앉아
마음 밭에 성학십도聖學十圖를 그려
나라님 앞에 펼치다
옛글에 새 길 열어
맑은 향기 아득히 높아
세계인이 흠모하다

제3부

# 천상의 정원

## 깨어 있어라

새들아!
우아한 너의 영혼을 만나려면
새벽 같이 깨어 있어야
하지 않겠나
무한공간이 있다 해도
끓어오르는 마음의
불길이 없다면
무슨 소용 있겠나
청아한 너의 목소리
감미로운 선율이
피안까지 출렁이면
무한공간이 열릴지니
깨어 있어라

## 사이프러스나무와 별이 있는 길

– 고흐의 그림을 보며

밤하늘에는 빛을 감춘 초승달이 뜨고
별이 달처럼 머물러 있다
하늘을 향하여 우뚝 솟은
한 그루 사이프러스나무
검은 불길처럼 타오른다, 태양신처럼
흰말이 끄는 황금마차는
이집트의 오벨리스크처럼 신비롭다
길 끄트머리 오두막집 한 채
로맨틱한 향기를 머금고
길을 걷는 농부의 뒷모습은
한가롭기만 하다
갈대숲에 둘러싸인 길가 밀밭은
별이 빛나는 밤하늘 같이
영혼이 살아 있다

# 나비의 꿈 2

갑자기 나뭇잎이 흔들린다
잎을 흔드는 것은 바람이 아니다
나비가 번데기 껍질을 찢고
세상에 나오려는 고통의 몸짓이다
나비가 탄생하려는 순간
손을 대면 안 돼
스스로 극한의 고통을 이겨 낸 놈만이
하늘을 날아오를 수 있다
넌 언제 나비처럼
고통의 피 냄새를 풍겨 본 적 있니
'넌 아무것도 할 수 없어' 라고
세상이 조롱해도
넌 나비처럼 하늘을 날아올라야 해
벼랑 끝에 매달린 사람처럼 절박한
아니, 뭔가를 간절히 원하는 자에게
능력을 주는 것 아닌가, 신은

## 빈 그릇

산은 언제나 하늘을 받들고
하늘은 구름을 동무하고
구름은 산을 감싸 안는다
세상에 아름다운 것이
그것뿐이겠는가
바람도 햇빛도
풀 나무와 어우러져야 아름답다
너도 나이 들면 보이겠지
이 아름다운 세상을 보지 못하고
요절한 천재들은
불쌍한 존재들이다
그러니 바보들이 부럽지
빈 그릇은 채울 수 있어 좋다
너의 그릇에
달도 별도 담아 봐
우주가 담기면 어떨까

# 청사포青蛇浦에서

햇살 환하게 퍼지던 날
문텐로드를 거닐다가
전설 바다에 발이 머물다
허공중에 피다 진 그리움
죽어서도 같이 있고픈
바다 시간들이
파도처럼 부서지고
수만 갈래 길 남겨 두고
해가 뜨고 지는
수평선 바라보며
하루를 십년같이 살다 간 목숨이여
선채로 굳어버린
천년 적막을 가로질러 온 시간,
너 앞에 부끄러운 마음은
석양에 붉게 물드는데
세월은 귀밑에서 은빛 깃발 펄럭인다

# 고독한 산보자의 꿈

고엽을 밟으며 호올로 영하의 바닷길을 거닐다
파도처럼 요동치는 상념에 빠져
영혼마저 현실을 착각한다
차갑게 얼어붙은 하늘이여!
사람들은 고통을 통하여 고귀한 영혼을 찾는다고,
차가운 공허도 백색 공포도
허무의 심연에서 나오는 생존의 비애인가,
재벌도 노숙자도 한 줌의 흙으로 돌아간다
유토피아는 실존이 아니라 환상이다
절망과 분노, 허무조차 내면을 갉아 먹고
태양도 어찌하지 못 한다
낮과 밤은 외로움을 지켜볼 뿐이다
별은 어두움의 바탕에서 빛이 난다
어떻게 사느냐가 문제가 아니다
영혼은 어둠의 심연에서 벗어난다 해도
육신은 이미 낙엽처럼 차갑게 무너져 내린다

## 솥발산엔 잔설이 깔렸는데

– K형을 보내며

장지葬地에 종이학이나 날릴 걸,
가시거리可視距離가 십 미터도 안 되는데
곡비哭婢도 없는
조문객들 틈에 끼어 낙엽을 밟는다
잔설을 밟는다
산등성이에 걸린 지난 일기를 뒤적이다
몇 조각의 기억들을 더듬으며
남루한 지난 생애를 읽는다
바람이 전해 준 뿌연
안개 장막에 가려 눈꽃이 진다
향불이 피어오른다
어쩌다 그렇게 가는 것을!
사는 게 뭔지 알지도 못하면서 비몽사몽
알코올로 시간을 낭비하고,
간밤에도 선잠으로 지새고
눈물도 흘리지 못하면서
아직 잔설이 지워지지 않았는데
하산 길에 든다
하얀 달빛처럼 보도에는 슬픔이 깔렸는데
뿌연 안개 바람이 분다

## 천상의 정원

신새벽 먼동이 틀 때 영상처럼 솔숲이
환상적인 수채화를 그린다
산기슭 돌아 개여울이 오솔길 열고
반 오리 절집 가는 솔밭길이
내 사색의 백미다
'무풍한송無風寒松' 옛 시구 아니어도
인적 없는 푸른 솔숲 속으로
깊은 명상에 든다
대지가 신록으로 감싸 안을 때면
내 망우당忘憂堂 뜰엔
멧비둘기, 쑥국새 소리 머물고,
삶의 능선에 올라 하늘빛으로 보면
달빛이 쏟아지는 밤은
내 천상의 정원을 본다

# 우수雨水의 바닷가

– 암남공원에서

봄비가 씻어 준 우수의 바닷물은
겨울호수처럼 쨍하고
금이 가는 듯한데
세한歲寒의 솔가지 끝
하늘은 풀려
아지랑이 꽃불을 지피고 있는 것가
침묵이 흐르던
겨울바다는
가깝고도 먼
생명의 소리가 들리는 듯
그리움의 파도가
천애의 절벽을 타고 흐른다

# 파라다이스의 커피숍에서

비 내리는 해운대앞바다
격랑이 지워버린
수평선을 바라보며
카푸치노 한 잔에 그리움을 적신다
완벽한 바다가
어디 있을까마는
파도가 할퀴고 간
백사장은
결별이 가져온 사랑처럼 허전하다
슬퍼서 눈을 뜨게 하는 바다
은폐된 기억의 편린들
빗속의 해변을 거닐고 있다
정지된 시간이 어디 있던가,
슬픈 것들
되돌릴 수 없는 시간,
뼛속까지 적시는 빗물
에스프레소의 쓴맛인가

## 지리산 정령치에 올라

구룡계곡 들머리를 지나
선유계곡이 있었던가
춘향이 누운 곳에
육모정六茅亭이 있었던가
정령치에 푸르게 걸린
유월의 실록
온몸을 싸고도는
상긋한 맛
그대는 스르르
골짜기를 몰아오고
어머니가 숨겨 놓은
혼불을 지피는가
백수들 신령스런
기운에 어리어
하늘 문지방을 기웃거리네

# 여름바다

폭풍우가 지나간
바닷가에 서면
하늘이 왜 푸른지 알 것 같다
간밤 무섭게
몰아치던 하늘의 노여움은
바다가 너무 푸르렀음인가
젊은 날의 격정이
뒹굴던 그 모래밭엔
갈매기만 끼룩끼룩
울고 있다
계절은 어김없이
찾아오건만
달빛이 머물다 간 자리에는
하얀 이별만 출렁인다

# 느티나무

영취산 멧부리 밑 천년 가람의 염원으로
삼동에 칡꽃이 피던 용소龍沼에
부처가 누웠으니
천년 느티나무들 담장이 될 법하다
한세월 너울거리며
햇볕 요리하던 이파리들 다 떨어내고
무수한 실가지들 손을 뻗어
허공으로 길을 내고 있다
세월에 여윈잠 속은 텅 빈 채
옹두리만 훈장처럼 투덕투덕 곁붙이고
수액을 건져 올리던 실뿌리는
땅 속으로 그물처럼 훑고 있으려나,
벌거숭이로 칼바람을 견뎌
얼어붙은 기억들을 지우며
초록빛 아지랑이 틔우려
더 깊은 땅 속으로 길을 내고 있을까

# 떡갈나무

하늘 향해 뻗은 가지 사이로 저 높은 하늘을
보면 무엇이 생각날까
떠다니는 구름은 무슨 소망이 있어
오늘도 하늘을 헤매고 다닐까
바람 편에 소원을 하늘에 전할까
하늘과 땅 사이 비바람 불면
아무도 보지 않는 땅 속에서
뿌리는 수많은 길을 내어
열심히 뒷바라지를 하지
오지랖 넓은 이파리들은
빗물도 달게 받아 갈증을 씻어주고
바람을 날리는 햇살도 받아들여
새들에게 그늘을 내어 주지
열매가 익으려면
여름날의 따가운 햇살도 마다하지 않고
가을이 오면 탐스런 이파리들
모진 마음으로 다 털어버리고
허공으로 길을 내어주지

# 틈

틈은 숨길이다
문틈 사이로 겨울 문풍지 울던 날
누더기 이불 끌어당겨
이마 짚어 주시던 유년의 엄마 생각난다
언젠가
달빛이 문틈 사이로 스며들던 날
머리맡에 살얼음 언 물그릇 쏟아버려
혼이 빠졌지
깔딱 고개 오르다가
돌 틈 사이로 흐르는 샘물 한 모금은
바로 생명수였지
언젠가 산꾼들 틈에 낀 지리산
장터목산장의 밤은
푸른 별빛이 문틈 사이로 반겼지
바쁜 세상 틈새로 보는
자연의 숨결은
바로 생명의 길이었지

## 오월의 신록을 마시며

– 민주공원에서

찔레꽃 향내 속에 임의 체취 섞여 있나
억눌린 함성이 찢어지던 언덕에는
오월의 신록이 너울댄다

산 너머 구름 너머 무지개 쫓던
하늘에는 연초록 비단옷을 입은
나뭇잎들이 살랑살랑 평화롭다

한 세월 새벽을 깨우던
가파른 산길에는
오월의 햇살이 가슴을 적신다

바람 따라 부풀던 초록이
당신의 깊은 호흡
속으로 피어난다

제4부

# 낯선 길 위에서

# 나스카Nazca 라인

– 페루에서

세스나* 눈으로 곡예하며
외계인의 회화를 감상하다

선과 각의 미학
거대한 기하학적 도형들을 밑그림으로
고래, 거미, 도마뱀, 개, 원숭이
벌새, 앵무새, 독수리 등을 그린
불가사의한 상징적 모티프
점성술의 증거일까
신들의 흔적일까
기원 전 8세기 조감도를
공중에서 타임머신을 타고 보다

'위대한 과거'*는 무엇을 암시 할까?

* 미국 항공기 회사가 생산한 비행기 이름.
* '미래에 대한 용기와 자신이다' (멕시코현대박물관 비문).

## 마추픽추MACHUPICCHU

– 페루 우루밤바에서

표고 이천 미터가 넘는 가파른 산정에
수천 년의 침묵이 흐르고 있는
'공중도시'는 신의 계시물인가
'태양의 신전'에 제물이 된 처녀의 영혼은
목동들과 이루지 못한 사랑을
하늘나라에서 이루었을까
사람이 죽으면
영혼이 하늘나라로 간다고 믿었다니
'지붕 없는 감옥'의 죄수들은
별 꿈을 꾸었을까
돌을 다루는 솜씨가 계단식 경작지의 층계
만큼이나 높은 기술을 가지고
고도로 발달된 요새도시를 건설한
불가사의한 비밀은 영원히 묻힐 것인가
하늘은 인간들에게 잃어버린
'공중도시'를 보여주기 싫은가 봐
안개비가 몰려와 시야를 가리니
신비롭다! 마추픽추

# 마사이족의 고독

– 탄자니아에서

나무라고는 메마른 아캐샤뿐인
말라붙은 초원길에
호올로 양떼를 몰고 있다
무얼 먹고 무얼 먹이려고
황량한 벌판을 걷고 있는지
인적조차 없는 평원
쏟아지는 불볕
견딜 수 없는 침묵만이 흐른다
사막의 신기루 같이
기인 막대 들고
장대 같이 우뚝 선 걸음
말이 필요 없는 적막한 광야의 끝
아득한 지평선
저무는 하늘 빛
머언 발치서 바라보는
이방인의 눈빛이 서럽다

# 사바나의 여명

– 탄자니아 세링게티에서

로지Lodge의 밤이 지쳐 별이 지는데
새소리마저 잠든 이른 새벽
무소 같은 하마가 달리는 광야는
아직도 적막하다
아캐샤* 가지 끝에 독수리는
눈알을 부라리고
에포비아 새 원숭이는 몸을 움츠린다
동녘 하늘 황홀하게 물들어 가는데
바람마저 숨죽이고
저 멀리 지평선에는
타조의 늠름한 자태가 뜨고
톰슨가제, 임팔라 무리들 가까이 등장한다
여기저기 얼룩말들이 얼렁거리고
버펄로 행렬 장관을 이룬다
하이에나, 사자들도 어슬렁거리기 시작한다
드디어 지평선 위로
이글거리는 태양이 솟아오른다
광활한 사바나의 새벽은 그렇게 열린다

* 아캐샤; 마사이어로 '아카시아'라는 의미.

# 인도의 빛

봄날 같은 겨울
끝없는 평원에
황금빛 겨자 꽃이 융단처럼 깔려있다
시간을 베고 누운 관광버스
희뿌연 흙먼지 뿜어내며
제멋대로 달리는 도시의 거리엔
자동차, 사람 홍수
무질서 속에 자유가 꿈틀거린다
이異민족의 격심한 폭풍우가 휩쓸고 간
얼룩진 대지
무수한 신의 손길이 서서히 움직인다
영묘靈妙한 신의 나라
유구한 역사와 종교
찬란한 인도의 미래가
어린이의 눈동자에 비친다

# 타지마할TAZMAHL

– 인도 아그라에서

현란한 무굴 제국의 걸작품
사랑으로 완성한 영혼의 안식처*
사자한 황제의
비탄에 잠긴
사랑의 종착역이
세계 7대 불가사의의 하나로
잉태한 것인가
야무나 강변에 우뚝 선
불후의
사랑의 무덤궁전이
전설처럼 황혼에 물드는데
영화도
사랑도
가버린 묘당에 서서
인생의 허무를 되씹으며,
강물에 날아드는 철새들처럼
왔다 가는가

* 왕비 뭄타즈마할을 추도하기 위해 22년에 걸쳐 지은 묘당을 말한다.

## 시간이 멈춰버린 고대도시 폼페이에서

아득한 고대도시 마리나문 하늘 길에 구름 한 점 떠 있다
당신의 흔적을 찾기 위해 아폴로신전 앞에 섰다
이천여 년 전 당신은 이 신전 앞에 엎드려
하늘 문이 열리기를 기도했을까
공중목욕탕 대리석 욕조에서 하늘빛을 보듯이
파아란 하늘무늬를 머릿속에 그렸을까
때로는 포럼에서
때로는 선술집 카페에서
때로는 여인숙에서 환희의 눈물을 짰을까
어느 날은 화려한 사창가나 극장에서
어느 날은 원형경기장에서
괴성을 지르며 환락을 즐겼을까
베수비오vesuvio 화산이 터지고서야 죄 값을 느꼈을까
오갈 데 없는 노예들은 잿더미 속에 매몰되어가도
당신들은 우주 로켓을 타고 탈주했을 테니 말이다
그리하여 어디에서 온지도 밝히지 못하고
본적 없는 집시같이 유랑했을까
역사의 언저리에 돌아 앉아
희뿌연 찌꺼기만 남겨 놓고
떠나온 고향을 다시 돌아가지 못하고
역사의 그림자로 남았을까
거대한 역사의 돌담들만 영원의 무게로
침묵을 지키고 있구나

# 이스탄불

– 터키 보스포루스 해협에서

아, 매혹적인 그 이름 이스탄불!
수없는 역사의 수레바퀴가 굴러간
세계사에서 가장 호화로운
치장을 하고 있는 도시
종교적 갈등과 화합
동 · 서 문화가 이곳을 흐르면서
세계사가 열리고
수많은 영웅들이 이 길을 거쳐
이집트로, 예루살렘, 페르시아로
그들의 꿈의 돛을 올리었으리
화려한 궁전, 하늘 같은 푸른 사원
그림 같은 별장
바다가 어우러진 유혹의 도시
아, 신이 주신 이스탄불이 아닌가
황혼에 보스포루스 해협에 잠긴
신화를 건져 올리는 멋도,
촌넵케팝을 먹으면서 포도주 잔에
비친 이스탄불의 황홀한 야경에
취해 보는 맛도
참 아름다운 낭만이어라

## 파르테논 신전

- 그리스 아테네에서

아크로폴리스 언덕에 자리 잡은
파르테논 신전. 배흘림기둥에 기대서서
도리아식 예술의 극치를 보며
아테네 문명 속으로 거슬러 오르다
아테네 시민들은 전쟁을 좋아했을까
왜 '전쟁과 지혜'의 여신
아테나를 아테네의 수호신으로 삼았을까
유네스코 고적 제1호가 된
흠 잡을 데 없는 걸작을 보며
환상적인 건축기법의 문을 들여다보다
피타고라스, 플라톤, 소크라테스가
어른거린다
수학, 과학, 철학이 밑그림을 그렸을까
저 밑바닥에 그리스 민주주의가
신기루처럼 일렁인다
고대 그리스 문명의 표상인가
이미 인류의 운명을 점지해준 것인가

# 바이칼 호수

이천오백만 년 전에 생성된, 아직도 살아 있는 호수
전설의 샤먼바위를 조망하며 유람선을 탑승하다
삼백여개의 크고 작은 하천들이 모여들어
세계 최대 담수 양을 자랑하는 '시베리아의 진주'
시간 따라 수만 가지 색으로 반짝이는 신비스런 물빛
지상에서 가장 청정한 호수
손 한 번 씻으면 5년
얼굴 한 번 씻으면 10년
목욕 한 번 하면 30년을 더 산다고
팔을 펼치면 우주를 품을 것 같은 광활한 호수
육지의 바다, 러시아인의 꿈이 어리다
삶의 활기를 심어주는 자작나무 숲, 앙가라 강변에서
모닥불 피워놓고 노래하며 춤추며 샤슬릭 안주에
보드카 한 잔, 바이칼 밤이 못내 아쉽다
전통가옥 율리치카에서 '반야'를 즐기며
별빛이 쏟아지는 밤하늘을 보는 것 또한 환상적이지
가슴에 별을 품은이여! 바이칼로 가보시라
고귀한 영혼의 빛을 만날 것이다

# 흡스굴 호수KHUVSGUL LAKE

– 하양산을 오르며

새벽잠이 깨어 게르 밖에 나서니
동쪽하늘이 비단옷을 갈아입고 있었다.
별들이 세수하고 간 호수 물에
잘 다듬어진 조약돌을 골라 물수제비를 뜨니
도토리가 구르듯 내 유년 적 필름이
산골물소리로 흐르다 사라진다.
타락*으로 아침을 때우고 하양산을 오르다
무지갯빛 야생꽃밭을 마음 설레며 오르니
하늘을 닮은 호수 물빛이 토성 고리 같다
물빛바람이 마음속까지 뚫어주는 듯하다
요정이 나올 것 같은 잣나무 숲
매혹적인 호숫가의 풍경에 빨려들고.
누렁이가 사자같이 지켜 앉은 언덕 위의 하얀 집
게르에 돌아오니 뻐꾸기도 울어 대고
몽골의 밤하늘에 쏟아져 내리는
별똥별을 보니 고향에 온 듯
혹여, 나 유목민의 디아스포라인지도

* 말 젖을 저어 걸쭉하게 만든 요구르트.

## 발칸반도에서의 편지 10

- 슬로베니아의 블레드에서

줄리안알프스 산맥의 진주 블레드 성과 호수
아득한 절벽 위에 자리 잡은 성채
천년의 시간을 베고 누워
시간 따라 주인을 바꾸면서
요새보다 별장으로 더 각광을 받았다지
'알프스의 눈동자' 블레드 호수
그 가운데 있는 블레드 섬이
가까이 오라고 눈짓 한다
바로크 양식의 마리아승천성당에는
'사랑의 종'이 기다린다
세 번 울리면 소원이 이루어진다는
아름다운 '사랑이야기'가 있다
눈부신 햇살, 영혼을 흡입할 것 같은
풍경 속으로 빨려들면 사랑도 승천할까
신과 가까워진 기분이 뱃사공의 팔뚝 같다

## 사랑의 자물통

- 중국 장가계 무릉원 산정에서

여기가 무릉원인가
시리도록 아슬아슬한 절벽 난간에
훈장처럼 매달린 자물통들,
수많은 연인들
사랑을 꽁꽁 채워 놓고
주인 없는 허공에
오직 사랑의 언약 하나로
적막을 먹고 산다
영원을 약속한 가슴 저미는
사랑의 열쇠가
구름에 걸린
짙푸른 절벽 아래로
영혼의 메아리 되어
오늘도
천상의 절벽을 울리고 있다

# 누란의 미녀

수천 년 시간을 건너 뛰어, 미지의 낯선 곳에서
조상들의 흔적을 바람으로 전해주려고
유리관 속에 누웠는가?
금발의 머리에 오뚝 솟은 코
툭 튀어나온 광대뼈에 갸름한 얼굴
알프스인의 알록달록한 의상에
바이킹족의 풍습 같은 관속에
사천 년을 그대로 누워
그 옛날 누란樓蘭의 호양나무 아래서
바람으로 떠돌던 사내들의
애상에 젖은 콧노래에 영혼을 걸어두고
조용히 눈을 감고 잠들었을까
당신은 피 한 방울 흘리지 않고 말라가면서도
아름다운 미소를 흘리며
꼭 움켜쥔 꿈의 씨앗을 놓지 않고
돌아오지 않는 지아비를 기다리고 있었을까
바람 따라 왔다가 바람처럼 사라져간
한 번 들어가면 나올 수 없는
타클라마칸 모래폭풍 속에
영혼의 꿈을 영원히 묻은 바람 속의 여자

# 장백산에 올라

– 비호산장에서

꿈에서나 그리던 민족의 영산
배달의 얼이 숨 쉬는
성지가 아니던가
압록강, 두만강
송화강이 흘러
수려한 반도와 만주벌
옛 조선의 땅이었느니라
고구려, 발해가 잇지 못한
역사의 단절 속에
반도마저 양단된
오늘의 현실
배달의 후예들아
무엇을 생각하느냐
서두르지 마라
조용히 눈을 감고 명상하라
선구자들의 한 맺힌
피눈물이 보일 것이다

# 고비사막 5

– 돈황敦煌에서

고대문화의 꽃을 피운 '실크로드의 진주'
세계문화유산으로 부끄럽지 않은
돈황 예술의 극치 '막고굴'에서
신라인의 흔적을 보니 비단결보다 아름답다
살은 먼지로 날려 보내고 뼈만 남은 언덕에
바람이 하얀 모래로 쌓아 올린 모래산
밤이면 사막의 영혼이 운다는 명사산鳴沙山,
초승달 모양의 마르지 않는 오아시스
월아천月牙泉에 달빛이 비치면
'천상의 정원'에 선녀가 거닐 것 같은
환상에 젖는다
오늘밤 모래바람이 등고선을 바꾼다 해도
가파른 명사산을 헐떡이며 올라
모래썰매를 타 볼 일이다
해거름 낙타 등에 업혀
사구에 올라 '석양의 무법자'처럼
머언 산 그림자를 바라보는 모습
명화 속의 주인공이 되다

# 제5부

# 바람의 눈

## 바다, 바닷새

바다가 심심해서
물새를 불렀나

물새가 외로워서
바다를 찾았나

사실은 바다
물새가 그리웠을 거야

파도 나래 어울려
하늘빛으로 비치는 걸 보면

# 가을바람

오오, 그리운 모나리자
아, 차가운 아모르

사랑은
왜, 가을바람 더불어
그리움을 몰고 올까

잎새 사이로
가을바람이 울고 가면
나뭇잎은 노을처럼 젖는다

낙엽이 바람 사이로
바람이 우우 낙엽을 밟고 가면
하이얀 그리움이 바람 따라 운다

오오, 그리운 모나리자
아, 차가운 아모르

# 당신의 손

당신의 손은 물속에서 더욱 아름답다
그것은 육신의 영양을 공급하는
밥상을 염두에 두고 있기 때문이다
적어도 하루에 한두 번은
싱크대 물통에서 당신의 손이 번득인다
삶은 살아가는 과정이다
그 과정에는 당신의 아름다운
손의 기능을 요구한다
마찬가지로 당신의 손은
온 가족의 밥상을 마련해야하는 뿌리가 된다
그 손의 뿌리가 제 기능을 다할 때 꽃은 핀다
식솔들은 그 열매를 따먹고 산다
나는 안다
언젠가는 그 뿌리가 망가진다는 것을
하여 비로소 당신의 손이
가족의 아름다운 꿈이었다는 것을

# 내 별은

담쟁이는 담 벽을 타고 오르고
해바라기 꽃은 해를 따라 다닌다
고구려인은
삼족오三足烏를 숭상했다지
까만 밤하늘을 쳐다 봐
하늘에는 별도 많다
큰 별 작은 별, 파란 별 흰 별
'창백한 푸른 점'*에서 보면
별의별이 다 있다
별에도 생명이 있을까
반짝이는 섬광들!
당신의 눈빛은 살아있는
마음의 빛이다
당신의 별은 어디 있을까
진실로 자신을 사랑한다면
자신의 신성을 찾아 봐

* 칼 세이건이 보이저에서 '지구'를 보고 외친 말이다.

# 바다의 속성

단애의 해안선을 따라 쪽빛 물결이 하얗게 부서질 때
송도 앞바다는 대서양 물빛보다 짙은 감청색이었다
유월의 햇살이 절벽을 타고 오르내릴 때
땅찔레는 절정의 녹색으로 절벽에 동화되고,
노오란 인동꽃은 삭막한 겨울을 기억하고 있었다
송도 해안선을 따라 카리브해안의 모래알을 밟는다
내 발자국이 남긴 흔적은
물빛 바람에 지워져도
파도가 남긴 발자국은 절벽에 남아
아슬아슬한 절경을 만든다
수직으로 번득이는 물빛 사상事象이다
태초에 바다는 무지개모양이었을까
파도가 태극처럼 둥글게 절벽을 깎고 깎아
새로운 풍경을 만드는 사이
바람은 시간을 쌓고 쌓아 조약돌을 만든다
바다는 언제나 출렁이며
시간과의 사투를 통해 변신한다
휘몰아치는 물결의 혼돈과 파괴 검푸른 바다의 속울음이다

# 마지막 자존심

귀가
붉은 저녁을 밀고 오는
저 쓰라린 겨울바람이
뜬금없이 우는 밤,

내 영혼의 기도 속에
사무친 그리움이 피어나는
저 푸른빛

아름다운 이 세상
고독을 씹던
서러운 사랑이야기가
내 남은
마지막 자존심이다

# 계절 감각

여름이 휩쓸고 간 백사장에
낙엽처럼 뒹구는 햇살

검푸른 물결이 빚어내는
쪽빛 바다의 숨결

햇살이 휘저어 놓은
물결과 물결 사이

하얗게 부서지는 파도의
포말 같은 외로움

날개 꺾인 새가
하늘을 올려 보듯

외로움이 퍼덕이는
가뭇없는 시간의 흔적

# 가을빛 그리움

싱그럽던 햇살이
가슴앓이 하다가
노오란
은행잎으로 뒹군다

바람에 쓸리는 소리
영혼이
떠나간 적막감이
하얗게 젖어온다

파아란 하늘
갈망의 눈빛
맑고
높은 몸짓으로
그리움을 부른다

## 낙엽단상

창가엔 벌써 낙엽이 진다
이별의 서곡처럼,
나뭇잎은 떨어져 다시
그의 본신本身인 뿌리로 돌아가려는가
해질녘 저물어가는 산색을 보노라면
아려오는 상념에 불을 지핀다
지난날 번뇌의 망상이
회한으로 가득찬다
나무가 낙엽을 떨구 듯
심상의 그늘을 지워야 한다
숨 막히는 시간과의 싸움에서
호올로 한 마리 새가 되려나
비상의 날개 밑에
스스로의 꿈을 심어 놓고
생명의 불꽃이 사위어질 때까지
하늘과 별과 달빛을 사랑해야지
고독한 신 앞에

# 하이얀 눈물

바람도 숨죽이고 있는 한낮
빈 화원에
누군가의 영혼이 날아온 듯
나비 한 마리 나폴댄다

콩깍지 같은 허공에
꽃비를 뿌리면
영혼이 울고 갈까

하이얀 눈물이
이슬처럼 풀잎에 맺히면
한세월 걸어온 길
허물 벗듯 맑은 물빛으로
하늘꽃을 피울까

# 눈이 내린다

새벽빛 하얗게
아픈 발자국 지우며
따순 가슴으로 하늘, 땅을 품는다
넉넉한 덕유德裕의 산빛이
스산한 겨울나무들을 다독이며
숫눈 위에 꽃눈
맑은 웃음 웃고 있다
개구쟁이
산토끼처럼 산으로 들로
나부대던
잊혀진 시간들이
소리 없이 흩날리고
눈꽃인지,
눈물꽃인지
세상을 굽어보는
여린 영혼의 사랑이었을
하얀 눈이 내린다

# 대숲에 부는 바람소리

흉흉한 바람소리
대숲에 부는 바람소리
더욱 요란하다
바람 따라
들리지 않던 소리도 들린다
어느 땐들
바람이 불지 않으랴마는
병신년 그 겨울 바람살 하늘이 무너진다

대나무야, 대나무야, 너는 어이 말이 없나

억새풀 쓰러지던 그 바람소리
북소리인 줄이나 알았나
바람도 씨달프다
바람결에 흩어진 사랑
바람으로 돌아올까

## 솔아, 너는 보이느냐

하늘 높이에서 내려 보는 너의 눈에는
낙동강하구의 끝없는
모래톱과 갯벌이 한눈에 보이느냐?
살아 숨 쉬는 도요등,
백합등, 맹금머리등이
민물과 바닷물이 합궁하는 자연의 섭리가
네 눈에 보이느냐?
봄, 여름, 가을, 겨울
하루에도 수백 번 만나고 헤어지는
철새들의 얘기 속에
하늘이 저물고,
황혼의 물결이 불러내는
강과 바다가 만나
세월 속에 빚어내는 희망의 땅
너는 보이느냐, 솔아!*

* 솔아 : '솔개'와 '아미산'의 앞 글자를 딴 낙동강하구 아미산전망대의 캐릭터.

# 슬로우시티에서

친구여! 돌아가기엔 너무 멀리 와버린 것 같네
이미 오후 세시가 넘어서 천사(1004개)의 섬
신안 앞바다 보물섬을 찾았네
끝없이 펼쳐진 서해 증도에서
발갛게 물감을 풀어 놓은 함초를 보며
각박한 도시의 찌꺼기들 소금바람에 날려 봐
성한 데라곤 하나 없는 몸뚱이 끌고 와서
느리게 굴러가는 바닷물 밑바닥을 훑어보고
바쁠 것 없는 '느림의 미학'을 체험해 봐
물 빠진 개펄에서 짱뚱어를 잡고,
진흙에서 하얀 백금을 생산하는 삶이
별빛같이 반짝이잖아
하늘 끝에 붉게 물드는 노을빛 바라보며
술잔 가득히 고이는 안타까움이랑 마셔버려라
느리게, 푸르게 어린 날로 돌아가 봐
구겨진 이마에 웃음꽃이 피니
이대로 머물 수만 있다면

# 연곡사의 새

가난에 찌들은 민초들이 뿌리내린 피아골
연곡사 뒤뜰에는
가릉빈가가 비상의 나래를 펴고 있다
새를 부러워했던 사람들
국난이 닥칠 때마다
이골이 난 듯 찾아들던 골짜기
피아를 분간 못할 정도로 격렬한
싸움판이 벌어졌던 피아골
쫓는 자와 쫓기는 자들의 주검이 뒹굴던 곳
해마다 핏빛 단풍이
그들의 혼불인 양 붉게 탄다
아무도 기억해 주지 않고
울어주지 않아도
가릉빈가의 슬픈 울음소리가 들리는 듯하다
억만년이 오고가도
네가 있는 피아골은
선홍빛 피울음소리가 메아리칠 것 같다

# 수수꽃다리

네 곁에만 있어도
마음 설레던
풋풋한 젊은 날에
원추꽃차례로 꽃문 열어
은은한 너의 정이 나비처럼 나풀거렸지

너의 감미로운
연보랏빛 향내에
매혹된 이방인을 따라갔다가
하얀 '미스 킴 라일락'옷을 갈아입고
나타나서는 뭇 사내들의 콧잔등을 비볐겠다

오월의 여신 앞에
천지가 온통 향수에 취하니
내 영혼을 흔들던
젊은 날의 추억*이
허연 귀밑머리 위에서 머뭇거리네

* 수수꽃다리의 꽃말이다.

제6부

# 시간의 흔적

## 숨은 꽃

이 세상 풀꽃들은
그들만의
아름다운 색깔이 있다

나무도 풀도
지워버릴 수 없는
그들만의 존재이유가 있다

있는 듯 없는 듯
숨은 꽃들도
침묵 속에 향내를 피운다

묻혀서 사는 이의
마음을
아는 이 없으면 또 어떠랴

# 둥지를 떠난 새

내 고향은 하늘이었다
낮에는 파란 하늘에 하얀 구름과 놀고
밤에는 구름 속을 달리는 달을 따라 다녔다

어릴 때 나는 바다였다
바다는 하늘을 그리워하고
하늘은 언제나 수평선에 닿아 있었다

나의 소년기는 뼈만 남은 산을 오르다가
절벽 난간을 붙잡고 잠을 깨곤 하였다
참으로 긴 젊은 날을 산과 벗 삼아 눈물을 지웠다

나이 들어 나는 내가 동경하던 하늘도 바다도
멀어져가고 내 곁에는 언제나 적막한 바람만이
나를 감싸고 있었다

# 분노의 빚

그는 날 때부터 멍든 가슴에
분노를 삭일 수 없었다
태생적으로
길 잔디 같은 의지로 버티어보지만
언제나 콩깍지 같은 삶이다
지난 날 허기진 마음 추슬러 보려고
다 헤진 신발 끈을 다시 맨들
누가 거들떠보기나 하나
서럽고 외로운 홀로 가는 길,
지팡이조차 없는 짐을 지고
꿈이니 미래니 허튼소리 하지 마
아무도 거들떠보지 않는
똥고집만 피우다가 노천에 누워
'칠흑에 빛이 보인다'고
혼잣말을 지껄이고 있다

## 자화상

거울 속의 나는 이미 호호백발이다
이마에는 굴곡 많은 발자국들
겹겹이 새겨지고
눈멀고 귀먹어 멍하니
나도 나를 모를 때가 있다
이빨이 허물어져 먹는 것도 겁이 나고
기둥뿌리 무너져 내리니 걷기도 힘들다
반성 없는 나날이 앞을 가린다
무엇이 소중한지도 모르고
군눈만 살피다가 허우적거린다
태워버릴거냐
묻어버릴거냐
우듬지에 앉은 까마귀가
벌써 형형한 눈빛으로 내려 보고 있다

# 내 어린 겨울

하늘과 땅이 처음 열린 곳은 안골마실*이었다
그 곳은 내 어린 겨울이 제일 먼저 뜬다
안 골목에는 내 또래 다섯은 되었을까
재기차기 깡통 차기, 때로는 탄피 따먹기도
정신없는 시간 놀이였지
안골에는 안목이 좁은 아이들이 살았다
보는 게 우물 안 뿐이었으니 올챙이는 행복했지
무릎 팔목에는 으레 가난이
조가비처럼 덕지덕지 붙어 있고
옷소매는 콧물이 절어 반짝반짝 빛났었다
만년 셔츠로 겨울을 보내었으니
골목이 안방보다 따뜻했을까
시오리 밖에 바다를 두고도
안골 산마루만 오르내리며
작달막한 땔나무 지게가 등에 붙어
내 어린 겨울이 지나갔다
그때 겨울은 참 따뜻했는가 보다

* 부산 금정구 서동 내곡 마을

# 아버지의 거짓

영하의 겨울바람이 울고 있던 날
윤산 부곡암을 지나 오솔길을 걷고 있었다
아직도 떨어지지 않은 떡갈나무 이파리가
나뭇가지에 매달려 떨고 있었다
수영만이 보이는 언덕을 넘어
솔바람이 걸음을 재촉하는데
어느새 선친께서 누워 계시는 산소에 당도했다
내가 열 살 때였나?*
이 산에서 땔나무 하시던 아버지 앞으로 헐레벌떡
두 청년이 들이닥치며, 뭐라고 묻는 것 같았는데
아버지 왼손이 오른쪽을 가리켰다
잠시 뒤 뒤좇아 온 두 사내의 숨찬 목소리에
이번에는 아버지 오른손이 왼쪽을 가리켰다
산다는 건 이렇게 오른쪽이 왼쪽도 된다는 걸
알기까지는 한 생이 지나갔다
아버지께서는 끝내 말씀이 없으셨다

* 6 · 25전쟁이 일어난 그해 쯤.

# 6·25의 기억

매일 보면서도 잠자리까지 따라와 나를 괴롭히던 아이
초등학교 4학년 때 땟국에 찔인 또래 애들과 놀다가
그녀를 처음 본 순간 난 멍하니 가슴이 뚫리다
그녀는 6.25전쟁 통에 피난 온 아이였다
학교는 피난민 수용소가 되고
밤낮 비행기소리가 하늘을 찢었다
그녀는 이모네 텃밭에서 배추흰나비를
잡는다고 나비처럼 날아다니기도 하고
여름날 냇가에서 물고기 잡는다고
개구쟁이처럼 뛰어다녔다
전쟁이 무언지도 모르던 철부지들,
그녀는 서울 수복과 더불어 마음에서 멀어져갔다
냇물은 오늘도 흐르고 있으나 그때 그물은
아직도 심해의 소금기로 남아 있는지,
아니면 하얀 구름으로 떠돌다 오늘 같은
아름다운 석양에 물들어 가는 지도

# 어머니

서럽다 서럽다 해도
그 시절같이 서러울까
새벽이 오기 무섭게 우물물* 길어
아홉 식솔 밥 짓고
(…)
한겨울 개울가에 얼음 깨고
빨래하시던
손끝이 얼어 굳어 짠둥만둥 물빨래를
온몸으로 감싸 쥐고 바지랑대 고이시던,
문고리 잡는 손가락이 얼어붙는 겨울밤에
바깥날이 한데라고
꼭 잡으시던 얼음손길,
이제는 가버린 세월 말없이 글썽인다

* 그 당시 우리 마을 30여 호에 공동우물 하나밖에 없었다.

# 내 젊은 날의 트라우마

배추벌레가 배추 잎을 갉아 먹 듯
진종일 골방에서 책장을 씹다가
혁명의 회오리바람에
언제 터질지도 모르는 성급한
젊음을 살았다

황량한 마음으로
소처럼 쇠파리에게 등살을 내어주고
질편한 무논에서 절정의 생을 흔들다
문득 잘 못 살고 있다는 생각에
뒷산에 올라
온몸으로 긴 여름 해를 등진 채
개미 싸움을 시켜 놓고
이기는 놈은 가차 없이 문질러버렸다

처음으로 등석 같은 세파에 말려들어
상처 난 날개를 퍼덕이며

## 당신은 소나무

– 아버님 영전에

눈발이 날리는 겨울이 오지 않고서야
당신의 참모습을,
아니 당신의 깊은 뜻을
어찌 짐작이나 했겠어요

세찬 겨울바람이 솔가지를 흔들어도
꿈적 않던 그 함묵含默을
누가 비난할 수 있었겠어요

솔바람이 아무리 울어대도
가지가 부러져도
지그시 참고 있는 당신의 눈물
누가 보기나 했겠어요

세월이 바람같이 흘러 각질이 두터워지고
손발이 무디어 고사목이 되었어도
당신의 올곧은 마음
솔방울같이 오롯하였지요

# 저승새

깃털은 낙조처럼 분홍색 갈색이어서 슬프다
그 때는 해가 저물어
할머니 장지에서 어치 한 마리가
'찌익 찍' 땅이 꺼질 것 같은
찢어지는 소리로 울었다
'저승새'라 내가 붙인 별칭이다
오늘은 해 저문 황혼에
조모님 무덤가에 멍하니 앉아 있다
우람한 솔가지 사이로
그 때, 그 새가 나타났다
'찌익 찍'
나를 알은 채 한다
(울지 마라, 이놈아! )
찢어지는 할머니 목소리다

## 세한도歲寒圖

학의 눈에 여명이 비친다

아무도 찾지 않는 설한의 대지 위에
저 고적한 집 한 채
얼어붙은 세정世情에 무지개 같은
사제의 정
차가운 나뭇가지에 뜨겁게 맺혀 있네

찬 서리 눈바람에
묵묵히 닦아 온 목마른 결정체
가슴 속 푸른 절의節義가
설한의 바람 끝에
청청하구나

# 빛마음

석공은
돌에도 생명을 불어넣는다는데
시인의 언어에 생명이 없다면
어찌 독자들이 공감할 수 있나
생명은 빛이요
빛은 우주의 근원인데
시인의 언어는
빛이 준
마음에서 울려나오는 것
빛과 함께하는
내 안의 나를 찾아
빛 마음에 기대어 봐
세상이 어떻게 보일까

# 극락암의 풍정

영축산 독수리 날개 밑에 포근한 정기가 서린
암자에 들어서면 대숲과 솔숲이 나래를 펴고
영봉의 그림자가 내려앉는 연못이 있다
무지개다리를 건너다보면 수련의 맑은 웃음이
찌들은 속인들 마음까지 풀어 놓는다
여여문如如門을 올라서면 삶과 죽음을 초월한
천상의 세계인지, 차별 없는 평등심으로
아미타불이 하늘눈으로 내려 보고 있다
눈이 파란 수행승들도 부처님 말씀에
만월의 눈빛으로 귀를 세운다
바른쪽에는 한 때 불가에 선풍을 드날린
삼소굴三笑窟이 담박하게 가부좌를 틀고 있다
인생 백년도 살기 드문데
언제나 "호쾌대활好快大活"해야 한다는
경봉선사의 체취가 서려 있다
산수유, 홍매화의 봄빛이 곱다
우담바라 꽃 향이 흐르는 것 같다

# 까마귀가 운다

잠결에 까마귀 울음소리 들린다
먼동이 트는가보다
창가를 내다보니
벚나무 숲길 위로 까마귀들이
분주히 날고 있다
새까만 까마귀는 밝은 빛을 싫어할까
아청鴉靑빛 고운 색깔이
밝은 햇살에 어울릴 텐데
'까악 까악'
청아한 목소리가
왜
울음소리일까

# 천년바위

영혼을 울리는 메아리를 품고 사는
바위는
달빛 푸른 침묵 속에
잠겨 있다가
어느 눈 맑은 석수장이를 만나
정으로 쪼고 하늘 뜻을 새겨
마애불을 불러내다
석수장이가 간지
천년이 지난 뒤에도
당신을 알아보는 이들이 있어
침묵 속에 혼불을 피워
마음눈을 뜬다

| 해설 |

# 고독한 사유로 풀어낸 쓸쓸함의 미학

박정선 | 문학평론가

## 1

동서고금을 막론하고 인간이 추구할 바는 고상함이다. 고상함은 인간의 품위를 말한다. 고상함은 예술에서 더욱 빛난다. 그리고 시인을 일러 고상하다고 말한다. 적어도 시인은 인간에게 있어 보다 숭고한 가치와 의미를 위해 고뇌하기 때문이다. 따라서 니체가 아름다움의 가장 고상한 유형을 시에서 찾았던 것은 우연이 아니다. 그는 "미의 느린 화살"이라는 이름으로 피력하기를 그것은 갑작스럽게 매혹되게 하거나 돌풍처럼 도취하게 하는 그런 것이 아니라, 인간이 거의 부지불식간에 지니는 아름다움, 즉 우리의 마음속에 고요히 머물러 있다가 "마침내 우리의 마음을 흔드는 것, 우리의 눈에서 눈물이 흐르게 하는 것으로써 마음 가득 채우면서 서서히 스며드는 것"이라고 했다.

그렇다. 부지불식간에 사람의 마음을 흔드는 것, 그리

고 눈에서 눈물이 흐르게 하는 것, 마음 가득히 젖어 드는 것이야말로 예술의 가장 고상하고 고귀한 감동이다. 그리고 이 말은 국은菊隱 박석현 '老詩人'(노시인이라고 강조한 것은 존경과 경의를 표하는 마음임을 밝힌다.)의 시를 접하면서 더욱 실감할 수 있었다. 선집에 올라온 작품을 읽던 중 숙연해질 정도로 가슴속이 알싸해지면서 가슴 가득 밀려오는 게 있었다. 니체가 말한 것은 다름 아닌 시적 진실을 말한 것이고 박석현 시인의 작품에서 흘러나오는 것은 가공이 없는 인간본질의 진실이 오롯이 살아있는 탓이다. 공교롭게도 시인은 제5집 『바람의 눈』에서 "나는 언제쯤 일부러 꾸민 데 없이 걸림 없는 시 한 수 써 볼 수 있을까."라고 했는데 그건 시인(모든 시인)이 보여주어야 할 겸양을 넘어 시에 대한 순수한 애정과 동경을 대변한다.

처음으로 시인을 면대했을 때 그 속에 감추어져 있는 것을 보았다. 菊隱이라는 호가 말해준 대로 숨은 듯이 감도는 선비적 이미지가 그것이다. 큰 나무가 그 뿌리의 지고함을 숨기듯이 그것은 내면에서 흘러나오는 사유의 향기였고, 한국적인 정서와 예의에 대한 신념과 지조였다. 사실 박석현 시인은 시인이 되기 전에, 먼저 에세이 「인간은 思惟함으로 존재한다」(2004년에 낸 산문집 『菊隱雜記』에 실려 있음)를 쓴 바 있다. 따라서 그의 사유세계에는 정녕 오래된 길이 있고, 그 길에는 장고한 역사가 흐르듯 그의 엄중한 생애가 숨 쉬고 있다. 그 엄중한 생애는 80대 노시인의 고고한 세계를 매우 세밀하게 판화 한다. 그것은 선집의 표제어에서 말해주듯이 '시공의 경계'를 넘나드는 사유의 경지로서 성찰의 팔부능선 어디쯤에서 '멀리 허공을 바라보는' 노시인을 상상하게 만든다.

그런데 허공이란 얼마나 심오한 경지인가, 칸트에 의하면 허공은 시간과 공간을 포용하는 것으로 서로 불가분의 관계를 형성한다. 시간은 인간과 떼어내면 존재하지 않는다는 것이다. 시간 속에 살아가는 존재로부터 독립된 시간은 있을 수 없기 때문이다. 그래서 칸트는 시간과 공간은 감성에 의한 직관형식이며 서로 의존적인 형태로 인간의 감성을 구축하는 것이라고 했다.

또한 시간과 불가분의 관계를 형성하는 공간은 공백을 의미한다. 하나의 건물이 차지하는 공(허공)은 과학적 원자로 채워져 있다면 한 인간이 차지하는 공(우주)은 사유로 채워지게 된다. 거기에는 내가 존재하며 시간과 공간이 만난 시공은 나를 둘러싼 세계를 포괄하는 우주로 통한다. 그리고 시인의 지고한 사유는 그 경계를 넘나들고 있는 것이다. 그러니까 박석현 시인은 시간 속의 '나'를 벗어나 공이라는 초월적 세계를 지향하는 것이다.

그렇다면 시인은 고독할 수밖에 없다. 나를 벗어나기 위해서는 고독해야 하고 역설적으로 고독하기 위해서는 나의 내면을 깊숙이 천착해야 하기 때문이다. 또한 고독은 쓸쓸함을 원천으로 하며 쓸쓸함은 고독의 강을 이루어 거기에 사유라는 배를 띄우게 한다. 시인은 그 배를 타고 지난날에 대한 기억과 그리움을 전개한다. 그것은 곧 회고이며 시인이 보여주는 회고는 크게 두 가지 성격을 띠고 있다. 과거를 돌이켜 현재를 성찰하는 성찰적 회고와 과거의 일을 그리워하는 반추성이 그것이다. 어떤 성격이든 회고성 문학은 강렬한 자기 연만적 페이소스를 지니게 마련이다.

## 2

> 남아있는 불길이 꺼지기 전에 살아있음의 의미를 찾아 두 번째 시집을 낸다. 불꽃처럼 타오르는 감성의 불길은 아니어도 끝없는 목마름으로 저문 강물을 바라보며 나의 삶을 태우고 싶다.
>
> (…)
>
> 오늘도 낡은 손가방에 들어있는 수첩을 뒤적인다.
>
> ─ 두 번째 시집 『은빛 수첩』의 머리말 중에서

인용한 두 번째 시집 『은빛 수첩』(2010)에 붙인 머리말은 마치 한 편의 작품처럼 시인의 심리를 잘 보여주고 있다. 시인의 말대로 인생은 단 한 번만 허용된 원게임이다. 그래서 아직 남아있는 열정이 꺼지기 전에 살아있음의 의미를 찾는 행위가 시를 쓰는 일이라고 시인은 밝히고 있다. 끝없는 목마름으로 시의 세계를 유영하는 시인,

저물어가는 강물(저문 강물은 시인 자신에 대한 은유이기도 하다)을 바라보며 오늘도 낡은 가방 속에 들어있는 수첩을 뒤적이는 노시인을 상상해보라. 니체의 말대로 얼마나 고상한 풍경인가, 아니 얼마나 쓸쓸한 사색인가…, 그런데 그 고상함과 쓸쓸한 사색은 고뇌이며 고뇌의 원천은 고독이다.

그리고 시와 고독, 고독이 시를 만나면 깊숙한 내면이 부상하게 마련이다. 그렇다면 여기서 우리는 시란 무엇인가에 대해 또다시 생각해볼 필요를 느끼게 된다. 시를 포함해 모든 예술을 모방이라고 설파했던 아리스토텔레스 이후 아직까지 시란 무엇인가에 대한 정확한 정의는 내려지지 않고 있지만 대체적으로 시는 인간의 깊은 내면을 암시하는 것이라는 주장에 아직까지 그 누구도 이의를 달지 않고 있다. 한편 존 스튜어트 밀은 "시는 고독한 순간에 자신에게 자신을 고백하는 것"이라고 강조하면서 "시는 엿듣는 것"이라고 했다. 이렇게 시란 시인의 내면을 암시하는 것이라든지 고독한 순간에 자신에게 자신을 고백하는 것이라는 생각은 박석현 시인의 시 세계를 맞춤처럼 대변해준다. 작품 「은빛 수첩」을 보자.

달빛, 바람도
오감으로 감지하지 못하고
세상이 까마득하게 보이던 그때
어둠에 갇혀 울먹이며

헛된 망상으로
세월을 갉아먹고
벌써, 허전한 백발을 날리며
저 산 너머
먼 하늘을 바라보고 있다
그늘진 곳에서 방황하던
쉴 곳 없는 마음 밭에
고개를 지우고 해가 저문다는 것
자신의 마음을 들여다본다는 것
허허롭다
한 생의 고독이 밀려온다

—「은빛 수첩」 전문

인용한 제2집 머리말에서 보았듯이 "끝없는 목마름으로 저문 강물을 바라보며 나의 삶을 태우고 싶다."는 시인의 심리는 「은빛 수첩」에서 구체화 되고 있다. "한 생의 고독이 밀려온다"는 것은 살아온 날에 대한 회고의 대표적인 상징이다. 지나간 시간은 제아무리 성실하게 살았다 하더라도 아쉽고 허무할 뿐이다. 구약성서의 인물 솔로몬 왕도 지혜로운 재판으로 백성들로부터 존경을 받으며 부귀영화를 한 몸에 지녔지만 말년에는 "헛되고 헛되며 헛되고 헛되니 모든 것이 헛되도다"(「전도서 1장) 라고 한탄하면서 "사람이 해 아래서 수고하는 모든 수고가 자기에게 무엇이 유익한가/ 한 세대는 가고 한 세대는 오되 땅은 영원히 있다"고 했다.

한 나라를 지배하는 왕도 끝내 헛됨을 한탄해야 하는 인생은 지난날 나의 자랑스러운 업적과 보람이 사라져버린 연기와 같기 때문이다. 시인은 그와 같은 심리를 화자를 통해 "헛된 망상으로/ 세월을 갉아먹고/ 벌써 허전한 백발을 날리며/ 저 산 너머 먼 하늘을 바라보고"있음을 고백한다. 먼 하늘을 바라본다는 것은 인생무상에 대한 알레고리로 오세영의 "늙는다는 것은/ 사랑하는 사람을 멀리 보낸다는/ 것이다/ 머얼리서 바라다볼 줄을/ 안다는 것"(「원시遠視」)과 일치한다. 그리고 이와 같은 허무는 다음 작품에서 더욱 극대화된다.

술잔을 기울이다 잠이 든 새벽
내 안의 성터 한 견
막심 고리키의 무덤가에 핀 통증의 꽃을 보며
세월의 아픔을 생각한다
이미, 떨어질 것은 다 떨어져 갔다
그 하잘것없는 자존심도
시퍼런 정열도 사그라진 끝자락에
한이 서린 불씨를 묻고
하산 길에 들었다
아, 꿈 많던 선잠 먼동이 틀 때
고달픈 마음의 눈을 잠시 붙였네,
밤마다 슬픔이 찾아와 베갯잇을 적실 때마다
너는 눈물을 감춘 바위처럼
적막한 무게에 가위눌리었다
시련은 너를 잠들게 했고

시간은 그 의미를 깨우쳤다
다시 살아난 꽃불이었다

—「꽃불」 전문

술잔, 막심 고리키의 무덤가에 핀 통증의 꽃, 밤새워 술잔을 기울이며 고뇌하다 새벽에야 눈을 붙인 고뇌의 밤은 시인다움을 보여준다. 이 작품은 외연적으로는 한 시인이 흘러간 세월을 그리워하는 것으로 읽힐 수 있으나 매우 난해한 메타포를 가지고 있다. 우선 고리키의 무덤가에 핀 통증의 꽃으로 세월의 아픔을 은유한 것부터 그렇다. 주지하다시피 고리키는 러시아를 넘어 세계사에 위대한 족적을 남긴 불멸의 작가로 바위에서 눈물이 나게 할 정도로, 또는 사막에서 꽃을 피우게 할 정도로 고난의 길을 걸어야 했던 작가였기 때문이다. 레닌에 이어 스탈린과 돈독한 관계를 유지했지만 그들의 독재를 비판하기를 서슴지 않아, 망명해야 하는 삶이었고 죽음도 암살설을 떨치지 못했던 최후였기 때문이다.

작품의 구조는 화자를 '너'로 2인칭화 했고, 과거와 현재를 오가면서 회고와 허무를 보여준다. "밤마다 슬픔이 찾아와 베갯잇을 적실 때마다"라는 고백을 통해 과거의 아픔을 회고한다면 "이미 떨어질 것은 다 떨어져 갔다/ 그 하잘것없는 자존심도/ 시퍼런 정열도 사그라진 끝자락에/ 한이 서린 불씨를 묻고/ 하산 길에 들었다"라는 화자의 독백은 현재의 허무를 말해주고 있다.

시인은 "눈물을 감춘 바위처럼" 삶의 무게를 지고 묵묵히 걸어온 발자취를 더듬는다. 그리고 모든 것이 비워져버린 마치 오래된 옛 성터 같은 실존을 고백한 것이다. 그러나 "하잘 것 없는 자존심"이라는 표현은 역설이다. 과거에 나는 내로라하는 자존감이 있었고, 누구에게 견주어도 뒤처질 것 없었던 자신감에 차 있었음에 대한 강력한 역설이다. 따라서 과거와 현재의 괴리는 인생을 더욱 허무해지게 만들 수밖에 없다. 이제 그것들은 낡은 깃발처럼 바람을 타고 있는 허무로 다가오고, 그것은 마치 고대의 성터처럼 적막하기 이를 데 없으며 적막은 한층 더 깊은 고독 속으로 시인을 몰아붙이기에 알맞다.

3

인간은 울음으로 시작하여 울음으로 끝을 맺는다. 맨몸으로 탯줄을 끊으면서 자지러진 울음으로 세상을 열어, 다시 타자의 울음으로 종결을 짓는 것이다. 그것은 신의 일방적인 약속이며 우리는 거부할 능력이 없다. 신은 마치 선물을 안겨주듯 인간에게 원초적인 고독을 안겨준 것이며 시인의 사유는 삶과 죽음의 경계에 대한 절대고독으로 옮겨간다.

거울 속의 나는 이미 호호백발이다
이마에는 굴곡 많은 발자국들

겹겹이 새겨지고
눈멀고 귀먹어 멍하니
나도 나를 모를 때가 있다
이빨이 허물어져 먹는 것도 겁이 나고
기둥뿌리 무너져 내리니 걷기도 힘들다
반성 없는 나날이 앞을 가린다
무엇이 소중한지도 모르고
군눈만 살피다가 허우적거린다
태워버릴 거냐
묻어버릴 거냐
우듬지에 앉은 까마귀가
벌써 형형한 눈빛으로 내려 보고 있다

—「자화상」 전문

시대와 나라를 불문하고, 고령에 이른 시인들은, 누구나 회고성 문학을 하게 마련이다.「자화상」은 먼저 “한 손에 가시 들고 또 한 손에 막대 들고/ 늙은 길 가시로 막고 오는 백발 막대로 치렸더니/ 백발이 제 먼저 알고 지름길로 오더라”(조선 중기, 우탁)는 고시조를 떠올리게 한다. 그리고 칠레 시인 파블로 네루다(1904-1973, 1971년 노벨문학상 수상)가 마지막으로 발표한 시집『질문의 책』에는 다음과 같은 시가 실려 있다.

나였던 그 아이는 어디 있을까
아직 내 속에 있을까 아니면 사라졌을까?(44번)

왜 나는 바퀴도 없이 글러 가고
날개나 깃 없이 날며(31번)

어제, 어제 나는 내 눈에게 물었다
우리가 언제 다시 보게 될까?(22번)

고시조나 네루다의 작품은 모두 나이 듦에 대한 허무를 말하고 있다. 그리고 「자화상」에서 시인은 육체적 변화에 따른 심리를 가감 없이 그려내고 있다. 시인들은 인간이 자연이기에 충분한 조건을 육체적 변화를 통해 보여준 것이다. 시인은 어느 날 거울 속에 비친 백발에 주름진 자신의 얼굴을 보며 현실적 실존을 자각하는 것으로 유추된다. 백발에 겹겹이 주름진 얼굴, 시력과 청력, 치아의 마모, 그리고 보행이 불편해진 다리 등 무너진 신체 기능은 허무를 안겨주기에 알맞다.

"태워버릴 거냐/ 묻어버릴 거냐"는 과감한 발언은 어쩌면 정면돌파 적인 심리인지도 모를 일이다. 뿐만 아니라 시인은 "우듬지에 앉은 까마귀가/ 벌써 형형한 눈빛으로 내려 보고 있다"라는 극적인 표현까지 시도한다. 까마귀는 오랜 옛날부터 우리나라에서는 죽음을 상징하는 탐탁치 않는 동물로 인식되어 있다. 그런데 시인은 죽음을 부정적으로만 보지 않는다. 제6집의 작품 가운데 「까마귀」에 "벚나무 숲길 위로 까마귀들이/ 분주히 날고 있다/ 까악, 까악, /청아한 목소리가/ 왜/ 울음소리일까."라고 했는데, 시인은 까마귀의 울음소리를 청아하다고 하면서 청아한 까마귀 소리를 왜 울음이라고 하는지에 대하여 못마땅해한 어조를 띤다. 우리나라 사람들은 새들이 지저귀는 소리를 cry(울다)로 미국이나 영국은 chirp(지저귀다)로 표현한다.(물론 새들도 슬픈 감정으로 울 때도 있을 것이지만) 아무튼 시인이 까마귀의 청아한 목소리를 강조한 것은 죽음에 대한 초월적인 의지라고 볼 수 있으며 다음 작품에서는 지인의 장례를 통해 인생에 대한 허무를 긍정하는 태도를 보여준다.

장지에 종이학이나 날릴걸,
가시거리가 십 미터도 안 되는데
곡비(哭婢)도 없는
조문객들 틈에 끼여 낙엽을 밟는다
잔설을 밟는다
산등성이에 걸린 지난 일기를 뒤적이다
몇 조각의 기억들을 더듬으며
남루한 지난 생애를 읽는다
바람이 전해 준 뿌연
안개 장막에 가려 눈꽃이 진다
향불이 피어오른다
어쩌다 그렇게 가는 것을!

―「솥밭산엔 잔설이 깔렸는데―
K형을 보내며」 중에서

시인은 K형이라는 지인을 보내면서 이별의 아쉬움을 그려낸다. 잔설에 젖어 있는 낙엽을 밟으며 울어주는 이도 없이 떠나는 길을 바라보는 화자는 “장지에 종이학이나 날려 줄 걸”이라고 독백하며 고인을 대신해 인생의 쓸쓸함을 말해주고 있다. 그리고 “어쩌다 그렇게 가는 것을!”이라는 한탄은 인생의 허무를 한마디로 표현하는 백미(白眉)라고 할 수 있다. 아울러 이 말은 “우물쭈물하다가 내 이리될 줄 알았다”는 버나드 쇼의 유명한 비문과도 일치한다. 극작가 겸 소설가였던 버나드 쇼는 노벨문학상(1925)을 수상 할 정도로 문학적 업적을 쌓았고 또 95세까지 삶을 누렸음에도 그런 비문을 남긴 것은 인생에 대한 허무가 무엇인지를 설명해주고도 남는다.

## 4

인간에게 연륜은 건축물의 벽돌 쌓기와 같다. 가장 밑단부터 한 개씩 쌓아 올라가는 것이다. 이미 저 아래에 놓인 벽돌이 마음에 들지 않는다 하여 그걸 빼내어 다시 수정할 수 없는 단 한 번의 게임인 것이다. 그래서 벽돌 한 개마다 지니게 된 흔적은 지울 수 없는 기억으로 존재하게 되며 후일 추억이라는 이름으로 다시 만나게 되는 것이다.

시인의 작품집 가운데 최근작인 제6집 『시간의 흔적』(2021)은 총 여섯 권의 시집 가운데 추억이 가장 짙게 응집되어있는 작품집이다. 그 가운데 「내 어린 겨울」부터 시작되는 기억은 아버지(「아버지의 거짓」), 어머니(「어머니」), 할머니(「저승새」)를 비롯하여 6.25로 명명되는 한국전쟁, 4.19혁명으로 유추되는 『내 젊은 날의 트라우마」 등이 세밀하게 묘사되어 있다. 1941년에 태어난 시인은 일제 강점기 후반기부터 시작하여 해방 등 한국현대사의 시련을 두루 체험하게 된다. 따라서 초등학교 4학년 때 한국전쟁을 겪는다. 이제 막 일제로부터 벗어 난 한국의 정치적인 혼란과 무질서한 사회, 목마른 가난은 당시를 살아낸 시인에게 가장 뼈아픈 추억으로 자리 잡고 있다. 이제는 세월이 흘러 첨단과학의 시대를 살고 있지만 그럴수록 시인은 지난날이 더욱 선명해질 수밖에 없다.

①안 골목에는 내 또래 다섯은 되었을까
제기차기, 깡통 차기, 때로는 탄피 따먹기도
정신없는 시간 놀이였지
// 무릎 팔목에는 으레 가난이
조가비처럼 덕지덕지 붙어 있고
옷소매는 콧물이 절어 반짝반짝 빛났다
만년 셔츠로 겨울을 보냈으니
골목이 안방보다 따뜻했을까
// 안골 산마루만 오르내리며
작달막한 땔나무 지게가 등에 붙어
내 어린 겨울이 지나갔다

—「내 어린 겨울』 중에서

②매일 보면서도 잠자리까지 따라와 나를 괴롭히던 아이

초등학교 4학년 때 땟국에 쩔인 또래 애들과 놀다가
그녀를 처음 본 순간 난 멍하니 가슴이 뚫리다
그녀는 6.25 전쟁 통에 피난 온 아이였다
학교는 피난민 수용소가 되고
밤낮 비행기 소리가 하늘을 찢었다
그녀는 이모네 텃밭에서 배추흰나비를
잡는다고 나비처럼 날아다니기도 하고
여름날 냇가에서 물고기 잡는다고
개구쟁이처럼 뛰어다녔다
전쟁이 무언지도 모르던 철부지들,
그녀는 서울 수복과 더불어 마음에서 멀어져 갔다
냇물은 오늘도 흐르고 그때 그 물은
아직도 심해의 소금기로 남아있는지,
아니면 하얀 구름으로 떠돌다 오늘 같은
아름다운 석양에 물들어 가는지도

— 「6.25의 기억」 전문

추억은 과장되거나 미화되는 속성을 가지고 있다. 따라서 잘나갔던 추억은 더욱 미화되게 마련이며 고난의 추억은 더욱 아프게 저며오게 마련이다. 앞에서 언급한 대로 시인의 추억은 한국의 현대사에 다름아니다. 가난한 성장기를 보여준 대표적인 작품인 ①의 소년은 ②의 소년으로 두 작품은 똑같이 한국전쟁 시기를 시간적 배경으로 취하고 있으며 한국의 가난한 역사를 보여주고 있다. "무릎 팔목에는 으레 가난이/ 조가비처럼 덕지덕지 붙어 있고"는 낡을 대로 낡아빠진 옷을 상징한다. "만년 셔츠로 겨울을 보냈으니/ 골목이 안방보다 따뜻했을까"라는 고백은 겨울옷 한 벌 없이 겨울을 살아야 했던 어려움을 보여준다. 골목이 집보다 따뜻했다는 것은 집이 골목보다 더 추웠다는 것을 말해 준다.

②는 전쟁 중 서울에서 피난 온 또래의 여학생에 대한 정서를 그리고 있다. 땟국이 졸졸 흐르는 초등학교 4학년 소년이 세련된 서울 소녀를 처음 보는 순간 가슴이 뚫린 듯 멍해져 버린 충격은 시인의 평생을 지배해온 것으로 짐작할 수 있다. "그녀는 이모네 텃밭에서 배추흰나비를/ 잡는다고 나비처럼 날아다니기도 하고"에서 알 수 있듯이 소년의 눈에 한 마리 나비처럼 보였던 소녀는 아직도 시인의 가슴 속에서 고운 나비로 날고 있기 때문이다. 비록 가난했고 또 전쟁 중이었지만 그때의 기억은 시인에게 아름다운 정서를 제공해준다. 또한 작품을 직접 인용하지 못한 「아버지의 거짓」은 한국전쟁 중 쫓기는 것 같은 청년들이 있고 그들을 쫓는 자들이 있다. 여기에는 좌와 우의 이념이 있고 어느 쪽이 좌고 어느 쪽이 우인지는 알 수 없으나 아버지는 왼손과 오른손을 번갈아 가며 그들에게 방향을 가리킨다. 그리고 화자는 "산다는 건 이렇게 오른쪽이 왼쪽도 된다는 걸/ 알기까지 한 생이 지나갔다/ 아버지께서는 끝내 말씀이 없으셨다"고 회고한다. 그러나 시인이 체험한 한국 초기 현대사의 고난은 시인 개인의 것만은 아닌 사회 전체의 집단적 고난이었으므로 이 작품은 시인 개인을 떠나 동시대를 체험한 그들의 아

픈 정서이기도 하다.

## 5

박석현 시인은 지금까지 『별 바위』, 『은빛 수첩』, 『천상의 정원』, 『낯선 길 위에서』, 『바람의 눈』, 『시간의 흔적』 등 여섯 권의 시집을 발표했고 이번에 선집을 낸 것이다. 선집은 지금까지 낸 여러 작품집을 새롭게 정리하는 작업으로 여기에는 두어가지 의미가 있다. 먼저 지금까지 낸 작품 가운데 가려 뽑아 아쉬움을 보완하여 더 참신하게 작품집을 내고 싶은 것과 또 하나는 주로 고령의 작가들이 지금까지의 업적을 간추려 정리하는 의미를 띠기도 한다. 그래서 가려 뽑은 선집은 지금까지 창작해온 시인의 시 세계를 대표하게 되는데, 사실 그의 시 세계는 다양한 스펙트럼을 보여준다. 그러니까 박석현 시인의 시 세계를 회고성 문학으로만 이해하는 것은 큰 오산이다. 그가 지금까지 발표한 5백여 편에 이른 작품은 크게 분류하자면 서정성이 짙은 젊은 시와 주제가 비교적 무거운 나이든 시로 나눌 수 있다. 젊은 시는 시어 선택과 어조가 젊은 이미지와 의식을 띠고 있는 것을 말하며 나이든 시는 과거를 불러내어 화고하며 성찰하거나 반추하는 경향의 문학이라고 할 수 있다. 그렇다면 그의 젊은 시는 어떤 것인지 살펴볼 필요가 있는데 대표적인 작품을 거론해보자면 제2집의 「가을 풀밭에 누워」, 「지금 어디선가」, 제5집의 「바다, 바닷새」, 「마지막 자존심」, 「하이얀 눈물」, 「가을바람」, 제6집의 「당신은 소나무, -아버님 영전에」 등을 들 수 있다. 이 작품군은 서정성이 매우 뛰어날 뿐만 아니라 문학적 완성도가 높은 수작이다. 이 가운데 몇 작품만 살펴보기로 하자.

바람도 숨죽이고 있는 한낮 / 빈 화원에
누군가의 영혼이 날아온 듯
나비 한 마리 나폴 댄다
//콩깍지 같은 허공에 / 꽃비를 뿌리면
영혼이 울고 갈까
//하이얀 눈물이 / 이슬처럼 풀잎에 맺히면
한세월 걸어온 길 / 허물 벗듯 맑은 물빛으로 /
하늘 꽃을 피울까

— 「하이얀 눈물」 전문

오오, 그리운 모나리자 / 아, 차가운 아모르
//사랑은 / 왜, 가을바람 더불어
그리움을 물고 올까
//잎새 사이로
가을바람이 울고 가면
나뭇잎은 노을처럼 젖는다
//낙엽이 바람 사이로
바람이 우우 낙엽을 밟고 가면
하이얀 그리움이 바람 따라 운다
//오오, 그리운 모나리자 / 아, 차가운 아모르

— 「가을바람」 전문

바다가 심심해서/ 물새를 불렀나
//물새가 외로워서/ 바다를 찾았나
//사실은 바다/ 물새가 그리웠을 거야
//파도 나래 어울려/ 하늘빛으로 비치는 걸 보면

—「바다, 바닷새」 전문

바람도 숨죽인듯한 고요한 한낮 화원을 소리 없이 날고 있는 나비는 고요를 더욱 고요하게 만든다. 시인의 눈에 띈 나비는 시인의 영혼을 건드린다. 그것은 순수하여 너무나 순수하여 눈물이 날 것 같은 「하이얀 눈물」이다. '하이얀 눈물'은 하얀 나비를 은유하며 "누군가의 영혼이" 날아온 것 같은 나비는 영혼을 상징하는 것으로 상주들이 나비 모양의 상장喪章을 가슴에 다는 것을 연상하게 한다. "콩깍지 같은 허공에 / 꽃비를 뿌리면/ 영혼이 울고 갈까"에서는 만약 숨이라고 크게 쉬면 나비가 놀라 날아가 버리고 말 것 같은 긴장감을 느끼게 한다. 마지막 연 "허물 벗듯/ 맑은 물빛으로/ 하늘 꽃을 피울까"에는 순수한 영혼의 세계를 동경하는 시인의 염원이 선명하게 그려져 있다.

두 번째 작품 「가을바람」은 가을에 대한 센티멘탈리즘적 감성과 낭만적인 이미지를 보여준다. "사랑은/ 왜 가을바람 더불어 그리움을 몰고 올까"는 가을바람이 자극하는 낭만적 감성에 대한 의문조의 감탄이다. 그리고 "오오"와 "아"의 감탄사를 앞세운 모나리자와 사랑의 여신 아모르의 대조는 미소와 차가움의 대비를 이루는 매우 세련된 구조를 취하고 있다. 무엇보다도 이 작품의 압권은 "잎새 사이로/ 가을바람이 울고 가면/ 나뭇잎은 노을처럼 젖는다"와 "낙엽이 바람 사이로/ 바람이 우우 낙엽을 밟고 가면/ 하이얀 그리움이 바람 따라 운다"이며 이와 같은 표현은 상징적 이미지에 있어 빛이 날 정도로 격이 높다. 두 작품에서 '하얀'을 "하이얀 눈물", "하이얀 그리움"으로 표현한 것도 신선하다. '하얀'보다 '하이얀'이 '눈물'과 '그리움'을 한층 더 감각적으로 다가오게 만들기 때문이다.

그리고 비교적 짧은 시 「바다, 바다새」는 어조가 파릇파릇할 정도로 참신한 감성미를 보여주고 있다. 시인은 바다와 바다 위에서 나는 물새를 상대적으로 놓고 화자를 통해 심심해서 물새를 불렀는지, 물새가 외로워서 바다를 찾았는지 생각하다가 "사실은 바다/ 물새가 그리웠을 거야"라고 결론을 내린다. 바다는 부동이고 물새는 동적인 탓이다. 그런데 그 이유를 "파도 나래 어울려/ 하늘빛으로 비치는 걸 보면"이라며 즉 파도와 어울려 나는 아름다운 어울림에서 찾고 있다. 세 작품 모두 시적 대상과의 거리에 있어 객관적상관물화를 이루었으며 뛰어난 상상력에 어조는 싱그러울 정도로 젊다. 오래전에 고인이 되신 부모님을 그리워하는 다음 작품에서도 그런 현상을 엿볼 수 있다.

초록이 싱그럽던 어제가
풀벌레 소리에 울며 간다
// 청포도 알을 굴리던 햇살이
가을바람에 여위어 가고
// 언젠가 앞서거니 뒤서거니
산길을 걷던 어머니와 아이는
하늘이 준 선물을
풀밭에 묻어두고
혼자서 하늘을 쳐다본다
// 하얀 산도라지 무덤가에
팔베개 베고 누워
까닭 없이/ 이슬방울 뚝뚝
떨어뜨리고 있다

―「가을 풀밭에 누워」 전문

눈발이 날리는 겨울이 오지 않고서야
당신의 참모습을, 아니
당신의 깊은 뜻을 어찌 짐작이나 했겠어요
// 세찬 겨울바람이 솔가지를 흔들어도
꿈적 않던 그 함묵을
누가 비난할 수 있었겠어요
// 솔바람이 아무리 울어대도
가지가 부러져도
지그시 참고 있는 당신의 눈물
누가 보기나 했겠어요
// 세월이 바람같이 흘러 각질이 두터워지고
손발이 무디어 고사목이 되었어도

당신의 올곧은 마음
솔방울같이 오롯하였지요

—「당신은 소나무, -아버님 영전에」 전문

「가을 풀밭에 누워」는 한 장의 그림을 본듯한 서경시의 면모를 보여준다. 가을날 하얀 산 도라지가 피어 있는 어머니의 묘 옆 풀밭에 누워 어린 시절 어머니와 함께 산길을 걸었던 일을 떠올리는 화자는 마치 어머니의 품에 안겨있는 듯한 따뜻한 이미지를 준다. 그날 어머니와 걸었던 추억을 "하늘이 준 선물"이라고 표현하며 그 소중한 선물을 "풀밭에 묻어두고" 즉 땅속에 묻어두고 이젠 혼자서 하늘을 바라보며 눈물을 흘리고 있음에도 말이다. 이와같이 어머니에 대한 그리움을, 즉 슬픈 감정을 슬프지 않은 척 표현하는 것은 엘리엇의 주장대로 감정을 잘 감춘 탓이기도 하지만 가장 큰 이유는 산뜻한 감각적 시어 탓이다. 첫 연의 "초록이 싱그럽던 어제가/ 풀벌레 소리에 울며 간다"에서는 싱그러운 초록과 울며 간다는 시어가 좋은 대비를 이룬다. 둘째 연 "청포도 알을 굴리던 햇살이/ 가을바람에 여위어 가고"에서도 마찬가지로 청포도에서 빛나던 햇살이 청포도로부터 멀어져가는 현상을 절묘하게도 "여위어"간다고 표현하고 있다.

아버지의 영전에 바치는 작품 「당신은 소나무」는 극한 어려움 속에서 함묵하며 살았던 아버지를 소나무로 은유하고 있다. 함묵과, 비난이라는 단어는 아버지의 고난이

예사롭지 않았다는 것을 함의한다. “세찬 겨울바람이 솔가지를 흔들어도/ 꿈적 않던 그 함묵을/ 누가 비난할 수 있었겠어요”라든지 “손발이 무디어 고사목이 되었어도/ 당신의 올곧은 마음/ 솔방울같이 오롯하였지요”에서 보여주듯이 예사롭지 않았던 아버지의 고난은 시대적 아픔이 묻어난다. 그러나 화자는 살면서 한겨울 같은 어려움을 겪고서야 비로소 아버지를 이해하는 심정을 고백하고 있는데 이 작품은 김소월의 시 “낙엽이 우수수 떨어질 때/ 겨울의 기나긴 밤/ 어머님하고 둘이 앉아/ 옛이야기 들어라// 나는 어쩌면 생겨 나와/이 이야기 듣는가/ 묻지도 말아라/ 내일 날에/ 내가 부모 되어서 알아보랴”(「부모」)를 떠올리게 한다. 두 작품 모두 부모님을 그리워하는 심리 묘사이지만 앞에서 보여준 것처럼 어조라든지 문학적 완성도에 있어서 세련미를 보여준다.

이와 같은 시적 감성은 타고난 순수성 탓이다. 그리고 시인을 일러 “단 하나의 세계가 아니라 몇백만의 세계, 인간의 눈동자와 지성과 거의 동수인 세계가 있고, 그것이 아침마다 깨어난다”는 프루스트의 말대로 시인의 세계는 단 하나가 아닌 무한의 세계인 탓이다.

## 6

산다는 것은 곧 추억을 생산하는 일에 다름아니다. 그리고 지난날을 되돌아보는 것, 추억에 몰입하는 것은 나이 듦의 징표라고 할 수 있다. 시인들은 단순히 살아온 날을 회고하거나 반추하는 것에 머물지 않는다. 그들의 기억은 머릿속에서 돌고 도는 것에 그치는 것이 아니라 상상력이라는 세계를 통해 작품으로 재탄생되어 자기 자신을 구축하는 것이다. 따라서 시인은 다음 작품에서 시인으로서의 마지막 보루를 스스로에게 각인시킨다.

귀가
붉은 저녁노을을 밀고 오는
저 쓰라린 겨울바람이
뜬금없이 우는 밤,

내 영혼의 기도 속에
사무친 그리움이 피어나는
저 푸른 빛

아름다운 이 세상
고독을 씹던
서러운 사랑 이야기가
내 남은
마지막 자존심이다

—「마지막 자존심」 전문

먼저 "내 영혼의 기도 속에/ 사무친 그리움이 피어나는/ 저 푸른 빛"은 절창이다. 이 작품은 짧은 시임에도 시작부터 독자를 깊은 심연으로 끌고 들어간다. 그러므로 아주 천천히 읽어야 한다. 천천히 읽되 여러 번 반복해가며 읽어야 한다. 붉은 저녁노을을 밀고 오는 저 쓰라린 겨울바람이 뜬금없이 울다니…, 그것이 "내 영혼의 기도 속에/ 사무친 그리움이 피어나는" 푸른 빛이라니…, 이는 절창이란 말 외엔 달리 할 말이 없게 만든다.

시인은 붉은 저녁노을을 밀고 오는 겨울바람 소리, 그 차가움을 사무친 그리움으로, 다시 그것을 "푸른 빛"으로 은유한다. 여기에는 시각, 청각의 공감각을 불러일으키는 묘미까지 보여주고 있다. 차갑고 싸늘한 푸른 빛은 당연히 고독의 빛이며 "고독을 씹던/ 서러운 사랑 이야기"가 낳은 눈물이다. 그리고 화자의 입을 빌려 그것이 "내 남은/ 마지막 자존심이다"라고 당당히 고백한다. 이것은 작품의 질을 더욱 상승시키는 패러독스를 형성한다. 고독을 씹던 서러운 사랑 이야기는 결코 행복한 추억이 아니기 때문이다. 따라서 푸른 빛으로 은유한 고독은 시인다운 마지막 자존으로 빛날 수 있다.

우리는 이쯤에서 시인의 견고함을 신뢰할 수 있다. 시인은 고독의 쓸쓸함이 격조 높은 성찰의 경지로 통한다는 것과 예술에서는 인생의 쓸쓸함과 슬픔까지도 미학으로 빛난다는 것을 보여주었기 때문이다. 인간은 누구나 페르소나 즉 가면을 쓰고 살아가게 마련이다. 내면의 슬픔이나 고독을 감춘 채 시치미를 떼며 살아가는 것이다. 따라서 지금까지 읽은 시인의 회고성 문학에 나타난 인생의 허무와 고독은 자기 구축을 위한 것, 자기 가면을 벗으려는 몸부림이었다는 결론을 내릴 수 있다. 마치 나의 모든 것을 부여안듯, 고독과 쓸쓸함을 마지막 자존으로 품고 끝까지 시업에 몰두하기를 소망하는 노시인을 향하여 경의에 찬 박수를 보낸다.

박석현 시선집

# 시공時空의 경계를 넘나들며

**초판1쇄 발행** 2022년 6월 30일

**지은이** 박석현
**펴낸이** 이길안
**펴낸곳** 세종출판사

**주소** 부산광역시 중구 흑교로 71번길 12 (보수동2가)
**전화** 463 – 5898, 253 – 2213~5
**팩스** 248 – 4880
**전자우편** sjpl5898@daum.net
**출판등록** 제02-01-96

ISBN 979-11-5979-517-6 03810

정가 13,000원